“1+X”证书制度下的高校信息技术人才培养研究

蒋建峰　刘　正　著

中国原子能出版社

图书在版编目（C I P）数据

“1+X”证书制度下的高校信息技术人才培养研究 / 蒋建峰，刘正著. -- 北京 : 中国原子能出版社，2020.8（2021.9重印）
ISBN 978-7-5221-0782-0

Ⅰ. ①1… Ⅱ. ①蒋… ②刘… Ⅲ. ①高等学校－信息技术－人才培养－研究－中国 Ⅳ. ①G649.2

中国版本图书馆 CIP 数据核字（2020）第 161552 号

1+x”证书制度下的高校信息技术人才培养研究

出版发行：中国原子能出版社（北京市海淀区阜成路 43 号　100048）

责任编辑：张书玉

责任印刷：潘玉玲

印　　刷：三河市明华印务有限公司

经　　销：全国新华书店

开　　本：787mm×1092mm　1/16

印　　张：11.5　字　数：200 千字

版　　次：2020 年 8 月第 1 版　2021 年 9 月第 2 次印刷

书　　号：ISBN 978-7-5221-0782-0　定　价：58.00 元

网址：http://www.aep.com.cn　E-mail: atomep123@126.com

发行电话：010-68452845

前　言

我国社会经济发展进入转型期，社会经济从快速发展时期进入常态化发展时期。社会发展大环境的变化，对高校信息技术人才培养提出新的要求。高校在新时期要想继续发挥技术人才培养主阵地作用，必须要对当前高校人才培养模式进行变革。高校引入“1 + X”证书制度正是基于新的教育环境做出的积极转变，它将进一步提高高校人才输出品质，以及服务社会的能力，实现高校可持续发展。

本书以信息技术专业人才培养为目标，结合“1 + X”证书制度提出了若干改革措施。本书共设六章内容，第一章对“1 + X”证书制度的内涵、意义、实施策略及高校信息技术人才的培养现状做了简要介绍；第二章至第六章从人才培养体系的建设、专业教学资源库的建设、课程建设，师资建设和人才培养平台的建设等五方面对“1 + X”证书制度下的高校信息技术人才培养进行了全面的系统性研究。

笔者在撰写过程中查阅了大量的资料文献，引用了大量的国内外相关领域的成果与资料，在此向这些专家和学者致以衷心的感谢。由于笔者时间和精力有限，不足之处在所难免，敬请广大读者予以批评指正。

目 录

第一章　绪论

第一节　“1 + X”证书制度的内涵

一、“1 + X”证书制度的广义与狭义之分

从广义上来说，凡是有利于提升毕业生就业创业能力的证书，如全国大学生英语四六级证书和全国计算机等级证书等社会通用型证书、职业资格证书、各类职业技能等级证书等都在“X”证书范围之内。从狭义上来说，“X”证书仅指纳入教育部、人力资源社会保障部目录管理的，由职业教育培训评价组织考核与发放的职业技能等级证书。这里所指“X 证书”为教育行政部门在职责范围内负责管理监督考核的，在院校内实施的职业技能等级证书。

二、“1 + X”证书制度与双证书制度的区别

1996 年颁布的《中华人民共和国职业教育法》规定，“实施职业教育应当根据实际需要，同国家制定的职业分类和职业等级标准相适应，实行学历证书、培训证书和职业资格证书制度（即‘双证书制度’）”。职业资格证书具有强制性，尤其是与国家安全、公共安全、公民人身财产安全关系密切的岗位（工种），上岗前必须取得相应职业资格证书。职业技能等级证书是职业技能水平的凭证，反映职业活动和个人职业生涯发展所需要的综合能力，是一种不同于职业资格证书的新型证书。在实施过程中，不强制学生考取职业技能等级证书，不与学生毕业挂钩，学生可自主选择证书类别、等级。因此，“1 + X”证书制度不是“双证书”制度的翻版和简单升级。两者是职业教育发展过程中，响应不同时期社会需求和岗位要求的政策制度。

三、“1 + X”证书制度与“学分银行”“国家资历框架”的关系

“学分银行”是一种模拟或借鉴银行的功能特点，使学生能够自由选择学习内容、学习时间、学习地点的一种管理模式，我国一些地区和部门如广东省、上海市、国家开放大学等已开展了有关实践。国家资历框架是根据知识、技能和能力（素养）的要求，

将一国范围内各级各类学习成果（教育文凭、职业资格等）进行系统整理、编制、规范和认可而构建的连续性、结构化的资历体系。通过“学分银行”，可实现学历证书和职业技能等级证书所体现的学习成果的认证、积累和转换。国家资历框架中不同资历等级的通用能力标准，通过知识、技能、能力三个核心要素来进行描述，与职业技能等级证书考核中的职业素养、专业理论知识和技能操作要求完全对应，因此“1＋X”证书制度是构建国家资历框架的基础性工程。由此可见，三个制度互为条件，应协调推进，共同为拓宽技术技能人才持续成长通道护航。

第二节　“1＋X”证书制度的意义

一、实施“1＋X”证书制度是提高高校人才培养质量的需要

随着我国经济的快速发展，产业升级速度加快，产业结构需不断进行调整。在这样的时代背景下，产业对所需技术技能人才的要求越来越高，各行各业对复合型、创新型的技术技能人才的需求越来越大，这就意味着那些不能适应产业发展的专业技能人才将逐渐被淘汰。为了应对这种变革，必须提高高校的人才培养质量。这就需要高校将人才培养目标定位在培养符合时代要求的复合型技术技能人才上，培养出的人才不仅需要掌握本岗位最基本的工作技能，还必须对岗位群中的其他岗位生产内容有所了解。“1＋X”证书制度将学校学历教育和社会用人需求结合在一起，正好可以满足高校提高人才培养质量的需要。

二、实施“1＋X”证书制度是深化高校人才培养培训模式和评价模式改革的重要途径

在“1＋X”证书制度试点实施以前，“双证书”制度在高校被大力推崇，“双证书”即两种不同类别的证书，一种是学历文凭，另一种是职业资格证书。但是，随着时代变化，实行双证书制度出现了一些新问题。比如证书的覆盖面不够、不能及时反映科技发展趋势和市场需求变化、培训模式证书管理存在体制机制不顺等。为了弥补“双证书”制度的不足，“1＋X”证书制度应运而生。“1＋X”证书制度的核心是职业技能等级证书，职业技能等级证书与“双证书”制度中的职业资格证书不同，它是指“通过职业教育与职业培训，获取某个职业的技能等级认可的证书，换句话说就是在这个岗位上你所能达到的技术等级资格证书”。而职业资格证书是指“学习者通过职业资格考试，由国家授予相应的职业资格证书，证明职业技能持有人的专业能力，

以作为职务晋升和收入提高以及从事某种行业的法定注册凭证”。职业资格证书作为不同层次职业入门门槛、组织建设门槛而存在，在入职、组织的行业准入等方面扮演了重要的角色。职业技能等级证书不是职业的门槛要求，而是在特定的标准之下，对不同职业形成的相对统一的职业水平证书，证明证书的持有者在证书的职业领域有特定层次的技能水平。综合来看，职业技能等级证书与职业资格证书在概念上、口径上、划分的等级层次等方面都存在差异，但将“双证书”制度和“1＋X”证书制度进行对比，可以说“双证书”制度为“1＋X”证书制度奠定了实践基础。高校通过实施“1＋X”证书制度，可以弥补“双证书”制度的不足，深化高校人才培养培训模式和评价模式改革。

三、实施“1 + X”证书制度能拓展高校学生的就业创业本领

“1＋X”证书制度将“学历证书”和“若干职业技能等级证书”进行有机衔接，旨在培养高技术技能的复合型人才，高校按这样的要求培养出来的学生，在就业能力上势必占有一定的优势。因为他们在学校期间不仅仅是掌握了一项技能，而是对岗位群中的其他岗位的生产内容也有所了解，并且还获得了相关的职业资格认证。这不仅能增强高校学生的就业保障，同时也拓宽了他们的就业渠道。此外，高校的学生在学校经过了多种技能的培训，这对他们进行自主创业也有很大的帮助。因为学生在学校的学习过程中对多个技能领域都有所了解，所以他们在进行自主创业时眼光不至于太狭隘，创业的选择也就不会局限于一种。

四、实施“1 + X”证书制度有利于提升高校师资队伍水平

《关于在院校实施“学历证书＋若干职业技能等级证书”制度试点方案》中提到，高校要打造一个能够满足教学与培训需求的教学创新团队，团队的建设关键在于师资的培养，所以实施“1＋X”证书制度对师资队伍水平的提升具有重要意义。具体来讲，高校实施“1＋X”证书制度的目的在于培养学生的多项技能，而要达到这个目的，就需要教师给学生教授相应的知识和技能。在这个过程中，高校的教师需要不断地去提高自我的知识和能力水平，只有这样才能满足实施“1＋X”证书制度的需要。所以对于教师而言，实施“1＋X”证书制度有利于其专业发展，从而带动高校师资队伍水平的提升。

第三节 “1 + X”证书制度的实施策略

一、“1 + X”证书制度试点面临的挑战

（一）综合能力的呈现及评价难度大

美国著名心理学家戴维·麦克利兰（McClelland）于1973年提出的“冰山模型”理论，将人员个体素质的不同表现划分为表面的“冰山以上部分”和深藏的“冰山以下部分”。“冰山以上部分”包括基本知识、基本技能，是外在表现，容易了解与测量，相对而言也比较容易通过培训来改变和发展。而“冰山以下部分”包括角色定位、自我认知、品质和动机，是人内在的、难以测量的部分，它们不太容易通过外界的影响改变，但却对人员的行为与成长起着关键性的作用。因此，职业技能等级标准要切实反映和评价某一职业能力的难度在于“冰山以下部分”的职业素养。纵观已公布的职业技能等级标准，主要是基于知识、技能的呈现，职业素养要求方面非常欠缺。此外，对“X”的考核大都强调上机考试，而现场操作考核取舍不一，说明“冰山以下部分”的能力评测没有被重视，影响评价的完整性。

（二）企业主体作用未能充分发挥

培训评价组织是“X”的颁证主体，是来自于高校之外的企业，可见，“1 + X”证书制度本质上体现了校企合作育人。由于长期以来，企业的主体作用未能很好地在我国产教融合中得到发挥，目前，从培训评价组织的参与积极性来看，教育型企业远高于生产型企业，培训评价组织的行业公信力不强，导致“X”社会认可度不高。因此，在“1 + X”证书制度实施中，更加要发挥企业的主体作用，吸引越来越多的企业尤其是非教育型企业，包括行业协会、龙头企业、骨干企业，还包括跨国公司，积极参与到职业教育中来，确保职业技能等级标准更加符合企业的用人需要，使得“X”更具有社会影响力，更好地证明学习者的综合能力，更好地帮助学习者就业创业。

（三）国家学分银行和资历框架还不健全

“1 + X”证书制度、学分银行、资历框架在“职教20条”中多次相连出现，例如，第一条指出“推进资历框架建设，探索实现学历证书和职业技能等级证书互通衔接”。再如，第八条指出“高校对取得若干职业技能等级证书的社会成员，支持其根据证书

等级和类别免修部分课程，在完成规定内容学习后依法依规取得学历证书。对接受高校学历教育并取得毕业证书的学生，在参加相应的职业技能等级证书考试时，可免试部分内容。从 2019 年起，在有条件的地区和高校探索实施试点工作，制定符合国情的国家资历框架”。可见，在制度设计层面，“1 + X”证书制度需要以学分银行、资历框架为支撑。当然，在实施层面，“1 + X”证书制度实施确实需要依托资历框架，需要利用学分银行。但是，目前我国还没有建立国家资历框架，国家学分银行的覆盖面还不够广泛和深入，对“1 + X”证书制度实施是一大挑战。

（四）书证融通的专业建设和课程开发能力不足

“1 + X”证书制度要求育训结合、书证融通，高校以专业为出发点，选择对应的“X”，将该证书的标准及培训内容与现有专业教学标准及课程内容比照，从而确定需要附加的培训内容及学时。“1 + X”证书制度倡导在人才培养方案中“嵌入”培训内容，实现培训内容与原有课程内容共生共长。目前，在试点期，由于不少高校原有专业建设和课程开发能力不强，书证融通未能找到科学路径，加之培训评价组织的指导力度有限，受其利益驱动等影响，考证成了新的“指挥棒”，简单照搬考证内容的现象较为普遍。一是简单“叠加”，将证书的全部培训内容完整植入到原有专业人才培养方案中，造成学时不够用，大大增加学生负担；二是降低学历教育要求，砍掉原有课程，全部照搬培训内容，将学历教育简化为职业培训。

二、推动“1 + X”证书制度实施的策略方法

“1 + X”证书制度是健全我国职业教育和培训体系的重要抓手，以育人评价发挥企业的主体作用，促进产教融合，倒逼职业教育改革的一项制度创新。诚然，“1 + X”证书制度试点的现实状况与条件要求仍存在不小差距，必须提升“X”的内涵质量，强化标准体系建设，构建市场化管理机制。

（一）以职业活动为载体，反映综合能力，建构课程内容，检测能力的达成度，确保证书的“含金量”

能力是内隐的心理特征，因此它难以外显，尤其是藏于“冰山以下”的部分，但是，能力可以在相应的职业活动中外显。例如，通过一项工作的完成，不仅可以反映一个人具备的知识和技能，还可以反映其工作的态度，是积极还是消极？是认真还是粗心？在工作表现中可以窥视情感、态度、价值观。所以，职业活动应成为能力反映、培养及评价的重要载体。

1. 以职业活动为载体，结构化呈现职业技能等级标准。某一职业的职业活动是对企业从业者实际工作内容的提炼、概括，按“工作领域→工作任务→职业能力要求”

三级分解的方式来描述。

“工作领域”指将职业或岗位群所涉及的职业活动，按工作性质、流程或要求分解而成若干工作范畴或范围，一个工作领域应包含完整的工作过程或项目，具有整体性、独立性。“工作任务”指某一工作领域的活动环节或事项，是完整工作的局部，具有稳定性、普遍性。“职业能力要求”是完成某一工作任务应具备的能力要求，通常采用行为、条件、标准、结果来衡量，如“能做什么”“怎么做的”“做的怎么样”，具有直观性、可测性。这些能力要求还可以进一步细分为知识、技能、态度（职业素养），由于职业素养具有通用性，不必与工作领域一一对应，可以统一反映。

2. 以职业活动为载体，构建课程内容。以职业能力要求为目的，将工作领域转化为一个个学习项目，以完成工作任务为主线作为学习过程，让学习者在完成工作的过程中学习相关的知识、技能，形成应有的态度，从而实现能力的培养，这就是“X”培训课程的构建思路。其实，这也是职业教育专业建设和课程开发的重要思路，长期以来，职业教育强调打破学科课程体系，大力倡导基于工作过程重构课程内容，“1”和“X”的课程构建思路是一致的。例如，获得 2018 年职业教育国家级教学成果特等奖的《深职院——华为培养信息通信技术技能人才“课证共生共长”模式研制与实践》教学成果，深职院与华为联合，将企业原本面向在岗工程师的认证融入专业人才培养中，构建分段、分层、分类的“三分”课程体系，成功实现了课程开发与证书标准“互嵌共生”。因此，“1 + X”证书制度实施将进一步推动高校专业建设和课程改革。

3. 以职业活动为载体，考核评价能力，检测目标达成度。依托职业活动，开展设计一份活动方案、生产一个产品……的考评，即开放性的现场操作考核，不仅“X”而且“1”的评价也十分必要。对于职业能力的培养乃至测评，切忌简单地将知识归类、技能归类转化为单独的知识培训或技能训练内容，在教学中将知识、技能乃至态度割裂开来培养，在考核评价也分为知识理论考核和技能操作考核，这是非常不完整的职业能力考评，因为要素的割裂，难以反映结构化的职业能力，更无法关注到职业生涯成长和职业岗位能力的迁移。

（二）以标准体系建设为核心，规范证书的开发、培训、考核及学分管理全过程，保证考证的质量

1. 建立初级、中级、高级的通用等级标准。借鉴资历框架的思想，以能力为核心，确定初级、中级、高级三个级别的划分标准，例如，广东终身教育等级标准（资历框架），从知识、技能、能力三个维度，确定了七个级别的通用标准。将通用等级标准作为职业教育各专业学历教育的中职、高职、应用本科分层的重要依据，同时也是“X”的初级、中级、高级分级的重要依据。由此，不仅有效实现“1”和“X”的有机匹配，

而且为国家资历框架的建立提供重要实践经验。

2. 建立职业技能等级标准的开发标准。针对目前职业技能等级标准开发缺乏统一性指导的问题，建立开发标准。一是规范目前形式不一、结构不一的职业技能等级标准的表现形式；二是明确路径、方法和要求，优化职业技能等级标准的开发过程，提高职业技能等标准的质量，切实反映职业活动和个人职业生涯所需要的综合能力。

3. 建立“1”与“X”的学分标准。借助国家或区域学分银行信息系统，确定“1”与“X”所对应课程的学习成果认定标准、学分计算标准、学习成果转换标准等，实现学分认定、存储和转换，使学习者最终通过学分积累与转换，取得各种证书，在实践层面推动学分银行的建立。

4. 加快建设“1”和“X”的标准体系。标准是质量的保证，“1 + X”证书制度实施涉及一系列标准建设，包括职业标准、职业能力等级标准、专业教学标准、课程标准，等等。因此，标准建设是“1 + X”证书制度实施的基础和核心。

（三）建立市场化的管理机制，重遴选、强监管，推动 1 + X 证书制度的健康发展

“1 + X”证书制度涉及多方主体，培训评价组织是“X”开发、考核和发证的主体，高校的学生以及社会成员是参与培训和考证的主体，政府尤其是教育行政部门是证书监管的主体。建立“1 + X”证书制度多主体协同发展的管理机制迫在眉睫。

1. 坚持市场化的管理思想，积极推进“放管服”。目前，政府以社会化机制公开招募并择优遴选培训评价组织，通过放宽准入、严格末端的方式监督执法，体现了政府部门的简政放权、放管结合、优化服务的“放管服”管理方式的转变。“1 + X”证书制度的起步阶段，由于“X”还远远不能满足各专业的需要，为做大市场，行政层面的号召、投入、扶持助推的力度很显现，但随着“X”市场的壮大，政府要转变角色，将“X”交给市场调节，由市场优选含金量高、认可度高的证书，学习者自由选择考证。

2. 建立和维护良好的证书市场秩序。首先，必须重“遴选”和“培育”，少“规划”。“职教 20 条”提出在已成熟的品牌中遴选一批，在成长的品牌中培育一批，在证书缺失的领域规划一批的原则，但从市场化管理角度，教育行政部门应将工作重点从“规划”转为“遴选”和“培育”，引导在行业具有公信力和影响力的证书机构进入培训评价组织，还可以发挥国外培训机构的优势，吸收国外具备行业先进性的证书进入目录。其次，要强化监管，避免证书乱象的问题再现。教育行政部门秉承“双随机、一公开”的抽查和监督机制，定期对职业技能等级证书相关工作进行抽查，对证书的培训质量进行评价。对于出现“乱培训”“滥发证”“滥收费”等问题的培训评价组织，

“一票否决”取消其资格，退出目录清单。

第四节　高校信息技术人才培养现状

高校想要培养信息技术专业的人才，则需要建成示范性的软件开发学校，而示范性软件开发学校创建的意义则要从国内外的发展形势、产业的需求以及目前信息科学技术的教育教学和人才培养的现状的角度去审视。就当前信息技术人才培养的现状来看，科学技术产业已经成为国家综合国力的重要体现，它是国家战略性的产业，同时也是国家可持续发展、全面发展的重要组成部分。尤其是软件开发等行业的发展，其发展速度之快、对产业发展产生的拉动力之大，现在已经完全超出了人们的想象。软件的开发与应用是信息化科技带动工业化的发展的基础，甚至大部分人认为软件是一切信息技术发展的核心。

就当前我国信息技术人才培养的现状来看，我国各高校的信息技术教育大致可以分为普及教育、相关专业教育、专业教育等方面。目前全国各高等学校面对非信息技术专业开设了计算机的必修课以及相关的选修课。例如，计算机文化基础课程和计算机应用基础课程，前者包括计算机原理、计算机语言、计算机编程语言、数据结构等相关内容，后者包括数据库的应用、计算机辅助软件开发设计、计算机文字处理等相关内容。

为了能够有效地推动全国计算机技术教育的普及，国家教育考试中心及各省、市相关部门都组织了不同类型的计算机等级制度考试。每年随着计算机教育的普及程度以及科学技术的发展，参加计算机等级考试的人越来越多，并且通过率也越来越高。计算机等级制度的考试也已经成为大学生就业过程中的重要依据，同时也体现着当下全国计算机教育教学质量的提高。

现阶段我国共有 15 种与信息科学技术相关的一级专业以及二级专业，例如，电子信息工程、微电子学、光信息科学与技术、地理信息系统工程技术、自动化及半自动化技术、信息工程技术、网络工程技术、软件开发工程技术、信息安全技术等。在全国的高校设置本科 1500 多个。

从高校现有的信息技术相关专业的学生数量与我国现阶段信息化产业在国民经济中所占的比重相比较，我国信息技术方面的相关人才还偏少。我国的信息技术产业与其他产业创造的生产总值相比，其比重偏少。另外，随着信息技术产业的不断发展，尤其是信息制造产业的发展对大学生的要求也在逐渐提高，并且明显高于其他非信息技术产业的企业。

不过，与培养的数量相比，现代信息技术人才培养的最大困难还是在教育体系的结构与质量方面，目前信息技术相关专业的毕业生还不能完全满足社会经济发展对人才的要求，他们有许多方面还有待提高和改进。

例如，某软件公司在中国成立的科学工程院，计划招聘信息技术方面的工程师100名，但是在面试人数达到10 000名时仅仅有50人满足该公司的要求。这种现象不仅出现在国外的企业中，中国本土的企业在招聘人才的过程中，也很难能够招到完全满足公司要求的优秀人才。当然，优秀的信息技术人才的培养是一个漫长的过程，其决定因素也不仅仅依托于高校的教育。例如，在日本，要想培养出一名合格的高级系统架构师至少需要15年的时间，有时甚至需要20年。但是在大学期间的学生应该培养的是良好的品格、积极的职业精神、优秀的学习知识和技能的能力、良好的团队协作能力、顽强的社会适应能力以及最基本的专业技能技术等，这样才能为以后的社会生活打下良好的基础。

当下教育体制下的高校培养出来的专业人才具有的优点：高等数学知识的掌握和运用能力较强，具有强烈的热爱学习的精神，对于信息化技术的应用能力较强，如计算机编程能力等。有雄心壮志且富有冒险精神，同时也更聪明，能够更好地处理好同事之间的关系。与优点相对的还存在一些较为明显的缺点：首先，英语的应用能力较弱，在现阶段很难适应信息技术国际化发展的环境的需求。其次，法律意识较为薄弱，团队意识、诚信意识较弱。例如，普遍存在的大学生跳槽的现象，这种现象一方面说明企业对人才的价值不够重视，不能很好地发挥员工的价值，另一方面也反映出员工对于企业的忠诚度不够，且缺少必要的职业道德。在工作能力方面，大学生对于任务的计划性较弱，交流以及共同能力较差，工作效率普遍偏低。在与客户洽谈方面，很难站在客户的角度，为客户解决问题，时常是客户不满意而终止合作关系。另外现阶段的大学毕业生很难将学校学到的知识很好地运用到问题解决的过程中，碰到问题不知如何是好，不能从根本上解决问题。

这些问题中的大部分本来可以在大学生毕业后通过在工作实践中边工作、边学习而得到解决。但是，频繁的跳槽和企业缺少良好的培训阻碍了他们进一步快速成长。

就以上问题产生的原因，首先，是大学生从小受到教育的环境因素决定的。现实社会的大环境在默许着人们说假话、空话，从幼儿时期开始，这种现象就伴随着人们的成长，严重阻碍了大学生对于诚信意识以及职业道德的构建。其次，目前社会是一种“熟人体制”，有熟人好办事、有熟人能办事的现象普遍存在，这样的大环境问题是阻碍学生为他人服务意识的养成，同时也阻碍了大学生道德法律意识的养成。

对于大学生与人沟通能力差、创新能力与动手能力较弱，生产能力较低、工程能力较低、工作及任务的计划性较差，在工作中缺乏团队合作精神，以及知识的整体框架更新不及时等因素，除了大环境的影响之外，还与高校的教育体制有关，例如，高校的人才培养机制，高校信息技术课程设置及结构，教师教学的质量以及教学实践的指导等急需改革与提升。

高校在人才的教育与培养方面，也存在着一些阻碍因素，例如，高校现在使用的信息技术教学相关的内容及模式都是沿用以前的传统的教学方法，在信息技术专业课的设置上是以教研室为主要教学场所，所教授的学生也是有专业必修学生与非专业选修学生组成的，其教学内容也是由一位教师所讲授，不同教研室的教师不能够讲相同的课程。并且在信息技术课程的设置上依然以基础课、专业基础课以及专业课三个部分组成，这对于学生来说，缺少学科的灵活性以及学生对学习内容的选择性。然而，随着科学技术的发展，新的课程知识在不断地填充，有些过时的知识由于各种原因不能取消，占用了大量的课时，导致学生学习的课时不断增加，学习负担不断加大。据查询，20 世纪 80 年代大学的信息技术相关课程为 20 课时，但现在的大学教学课时已经增加到了 36 课时。同时在任课教师的资格审核上，有的高校还存在讲师、助教讲授本科专业的课程知识，而更高一级职称的教授、副教授等大多将精力放在科研上，这样进一步导致了教师教学知识和精力的不足，使得教学质量下降。

一、国内外对信息技术人才的需求形势

为了能够了解国内外对信息技术人才的需求的具体状况，可以知道，无论是从纳斯达克的股票市场，还是从信息产业在国民经济中所占的重要地位来看，信息技术以及信息技术的使用仍然是带动国家经济发展和社会发展的重要力量，尤其是软件工程技术的发展与应用，更是已经深入到社会的各个角落，就算与人们生产和生活息息相关的生命科学与新材料技术也是以信息技术手段为基础进行发展和创新的。可以这样说，一方面没有信息库的应用和信息化虚拟技术的应用，就没有计算机技术运算和图形工作站的强效工作能力，包括生命科学技术以及蛋白质科学工程技术的进步与发展也是依托于信息技术的迅速发展才取得如此的成果。另一方面如果没有信息技术以及软件技术的支撑就没有军事上的重点打击技术，数字化单兵作战平台技术、网络中心平台技术等高科技的信息化技术也就不能实现，特别是软件技术的发展成为其发展的必然条件。信息技术在社会的发展中还承担着各行各业的基础性工具的发展的作用。

因此，即使全世界在经历了网络泡沫破灭的灾难之后，电子信息产业依然被人们所看好，市场中的主流公司依然在积极地将资本和人员投入信息产业，随着信息科学技术的发展，带动企业的发展和社会的进步，许多新兴的技术产业不断的兴起，其表现出越来越快的趋势，各种新技术层出不穷。例如，计算机技术在 20 世纪 90 年代融

入人类生活和生产的过程中，人类进入计算机的普适计算阶段，而网络计算的应用已经从原来的分布式计算阶段进入了网格式的计算阶段，其中以嵌入式软件、网络软件、通信技术软件以及相关的应用软件等为代表的产品已经充分地融入信息技术的服务行业当中，并且表现出欣欣向荣的趋势。

据目前的形势，全国各大公司及企业正在不断地加大对信息技术人才的招聘，同时在大力开发信息技术的相关内容，以此来加强本土化和全球化的经济的进程。仅仅就美国的信息技术软件而言，其中小型的企业已经超过了50万家，并且每家企业每年要花费大量的资金购进设备和维护设备，因此，面对巨大的软件开发市场，需要更多的信息技术从业人员来满足其发展需求。

在我国，自2000年6月国务院颁发了加强软件与集成电路产业发展的相关文件，这是在看到软件和集成电路产业的核心作用以及我国在这些领域的落后状态提出的。在这些文件和政策提出以来，国家产业部门提出了发展我国软件和IC产业的规划，软件人才培养将从现在的30万人增加到80万人；并形成一批资产在50亿人民币以上的大型软件企业。

从我国的现状看，要达到上述目标是不容易的。我国的软件产业面临着下述几个主要问题：首先，缺少在国际上有影响的软件核心产品，爱尔兰的软件产业能够快速地可持续发展，一个很重要的原因是爱尔兰的软件中间件技术和产品在全世界占据领先地位。美国、欧洲、日本等国家或地区，特别是美国，也正是因为有了自己的软件核心产品才得以确立软件强国的地位。其次，外包未形成规模和未建立起信誉和市场。最后，未建立起以英语为基础的软件文化，包括服务、接单、系统设计、开发、测试和维护能力。上述问题的本质在于缺少高素质的、能和国际接轨的各级各类实用性软件人才。这也可以从爱尔兰和印度等国为什么能在国际软件行业中称雄可以看到。

与发达国家或是软件产业发达国家相比，我国的软件产业存在着以下几个问题：具有市场价值和前景的领先产品少，和国外发达国家以及跨国公司的核心技术人员进行交流沟通的渠道和方式少；承接外包业务的渠道不畅，有能力承接外包业务的公司少；具有英语听说能力，能阅读、书写英文项目计划书等技术文档和用英文讨论交流问题的软件开发人员少；具有敏锐的商业意识和眼光卓越的项目管理才能和引领团队共同创新的帅才更是少之又少。另外，我国的软件产业人员对金融、法律和知识产权等方面的了解和联系也不多，这些问题的核心归根到底是人才的缺少。

二、示范性软件学院的人才培养

为满足社会经济发展的需要，也是为了更好地解决学生就业问题和促进高等教育体制改革，设立示范性软件学院的目标就是培养能满足软件产业需要的高层次实用性人才。例如，项目经理（PM）、系统工程师（SE）、系统设计（SD）、系统架构师（SA）等。

示范性软件学院的招生对象原定为以三种人为主：第一种是已在社会上工作过几年，并有了较强工作经验的大学计算机系或相关专业的毕业生，攻读工程硕士学位；第二种是其他应用专业的大学毕业生，攻读软件工程的双学士学位。其中的优秀者或对软件工程特别有兴趣者可以攻读软件的工程硕士学位；第三种是已在大学本科课程中学习了两年基础和专业课程，转专业来学习软件工程，从而初步掌握有关应用与软件方面的综合知识。后来，又扩展为可以直接从高考学生中招收本科生。

对于上述学员，考虑到软件技术的迅速变化以及国际交流的重要性，我们要求学生的学制按照二年的学分制设置，培养目标为以能力培养为主，包括英语实用能力、与客户交流能力、队伍管理能力、系统设计与分析能力、工程管理和组织能力以及创新创业能力。

为了达到上述培养能力的目标，在课程设置上，示范性软件学院强调按学生需求设课，多设实践课和不设那些陈旧的知识性课程以及偏基础性的课程，特别是要强调与计算机系人才培养模式和课程设置的区别。计算机系的学生比较偏重理论和对计算机系统软硬件结构的掌握，软件学院的学生则强调在已有的计算机系统软硬件平台上的开发和应用。例如，软件过程管理、软件测试、系统设计、用户需求的理解与抽象、知识产权、经济管理等课程可能是软件学院必须设置的；而计算机原理、操作系统、编译原理、人工智能等计算机系的核心课则可能成为软件学院的选修课。另外，软件学院的学生必须至少在企业实习半年以上。再者，软件学院强调采用英语和中文的双语授课，让学生通过两年学习，达到基本上能用英语进行专业交流和阅读、撰写项目计划书等技术文档的目的。

要按上述要求设置课程，就必须要有一流的师资作为保证。原有计算机系的师资力量很难保证软件学院的培养目标。为此，我们提出了在全球范围内，从企业、高校等不同渠道聘请专职和兼职教师，并以兼职教师为主的想法。我们要求软件学院的教师应采用新的用人机制，以聘任制为主，主要聘请那些在软件产业第一线的、有丰富实践经验和掌握最新计算机软硬件实用技术的工程技术人员来软件学院授课。软件学院应少做科学研究，而应多抓教学研究和建立教学实践基地，使学生的实用能力得到培养提高。

为了保证示范性软件学院培养目标的实现，以及考虑到软件人才培养的成本比较高的事实，示范性软件学院的领导体制为理事会领导下的院长负责制。同时，允许企业和社会各界投资示范性软件学院，并占有一定的股份或一定的份额，而学校为了掌握办学权，应将学校的无形资产等计算为股份或份额，在软件学院中占有大股，并通过委派软件学院院长掌握办学权。理事会或董事会决定软件学院的办学方向和其他重大方针和事件。院长则在理事会或董事会领导下全权负责办学，理事会或董事会应在招生、人事、财务、课程设置等方面帮助软件学院协调与大学各相关部门的关系，给予软件学院新的机制。

由于国家不对软件学院的人才培养进行投入（高考招收的本科生除外）。因此，教育部和原国家计委、财政部同意，软件学院的学生学费采用按成本收费的机制，并可接受来自社会各界的捐助。

为了有效地推进示范性软件学院建设，各示范性软件学院应建立起高效的组织机构。关于软件学院的组织机制，2001 年《教育部关于深化本科教育教学改革全面提高人才培养质量的意见》规定可以有多种不同的模式，既可以是单独的二级机构，也可以是和计算机系、计算机学院办成一套人马，两块牌子，还可以是其他有效的运作模式。例如，二级独立法人的运作模式。无论哪一种组织机构模式，软件学院都不应与计算机系、计算机学院去争夺学科建设，这一点是非常明确的。因为设立软件学院的目的就是为了培养满足软件产业发展需要的实用型软件人才，软件学院应面向市场、面向需求设置机构和招聘师资，应以学生的就业率和社会欢迎程度作为评价其成功与否的标志。

三、示范性软件学院的成就

经过两年多的建设与发展，示范性软件学院已经送走了几批毕业生。并在实用性软件人才培养和教育体制改革方面取得了可喜的成绩和许多宝贵的经验。

教育部委托中国软件行业协会组织了对 35 所示范性软件学院的中期评估，其中 34 家通过了中期评估，1 家暂缓通过。通过评估，来自企业、高校和管理部门的专家们认为，示范性软件学院在人才培养模式、高等教育的体制改革等方面都在迈出新的步伐，创出了一条较好的路子。

首先，在不到两年的时间里，35 家软件学院已招收了 3 万余名学生在校学习，每个软件学院平均 900 ~ 1 000 人。首批示范性软件学院的毕业生 1 851 人走上了就业岗位，这些毕业生不仅就业率达到了 100%，而且他们的起步薪资比其他专业毕业生普遍要高。

其次，在校舍建设和与企业合作方面也迈出了可喜的步伐。例如，山东大学齐鲁软件学院在半年时间里，就建成了十多万平方米的现代化校舍；云南大学、大连理工大学、北京大学等的示范性软件学院都已建成或正在建设校舍。近几年来，已有 12 所学院建成了独立校舍，总面积达到 174 万平方米。国内外的软件企业都对我国示范性软件学院给予了很多的关心与支持。迄今为止，软件学院已和多家软件企业建立了合作关系和实习基地，许多跨国公司，例如微软、IBM、Sun、Cisco等都在和软件学院进行合作的同时又对软件学院捐赠了技术、设备、教材和师资等。微软的长城计划就是一个例子。目前，跨国公司已对软件学院捐赠了价值16亿多人民币的软硬件设备。

建立示范性软件学院也推进了高等教育与经济发展的结合，各地方政府高度重视示范性软件学院的建设。例如，云南省人民政府多次召开办公会议，协调云南大学示范性软件学院的建设，从土地到资金都做了周密的安排。大连、济南、北京、上海等地的地方政府对推动软件学院的建设也做出了积极贡献。

在政府和社会力量的大力支持下，经过学校和软件学院师生的共同努力。示范性软件学院在课程体系与设置上朝着两个方向发展，即与软件产业发展需求的结合和与国际课程体系的结合。软件学院的课程设置在很多方面不同于计算机系、计算机学院。例如，软件测试、媒体艺术、软件开发项目管理等课程都是计算机系所没有而软件学院普遍开设的。再者，在课程体系上，软件学院普遍加大了和国外企业与高校的合作力度，引进和参考了包括卡内基梅隆大学在内的国外著名大学与企业的系列教材，并在许多课程中直接采用了国外原版教材。

许多学院聘请了长期在国外留学，并有丰富企业经验的海外学者回国担任院长或教授。例如，北京大学软件学院还针对不同的企业和他们的需求设立了相应的教席，并由这些企业派出人员担任学院的系主任和教授。

由于软件学院大量采用了原版教材，聘请了大批海外学者用英语授课，学生的英语实用能力大幅度提高。

两年的实践还反映出，软件学院在学生的实践能力培养方面也取得了较好的成就和经验。学院在实践能力培养方面，一是至少在企业实践6个月，二是在课堂教学中大多使用案例教学。尽量反映软件开发管理的实际，从而使得学生们的实践能力大幅度提高。

学生的素质教育也得到了发展。包括诚信、法制以及服务精神的教育贯穿软件学院的人才培养和课程设置的全过程，收到了良好效果。

正是由于软件学院在机制和人才培养模式方面的改革和探索，才使得软件学院的建设和发展得到了社会各界的重视和支持，其毕业生就业前景好，受到了用人单位欢迎。

四、示范性软件学院建设中存在的主要问题

不可否认，示范性软件学院的改革与探索刚刚开始，还存在着较多的问题，这些问题必须引起我们的高度重视，并需要在今后的实践中努力解决。

（一）进一步明确软件学院的办学定位问题

部分示范性软件学院仍然存在着对办学定位认识不准确的问题。他们仍倾向于搞科学研究、抓学科建设，希望把软件学院建设成与计算机学院或信息学院相提并论的一级学科，用传统的办学方法和模式规范软件学院。我们应该把软件学院的办学方向回归到培养软件界用得上、留得住的实用型人才上来，为“信息化带动工业化，工业化促进信息化”培养人才，将招生重点向企业转移。

（二）进一步加强国际合作问题

做软件，要么一流，要么死亡！我们培养的软件人才，必须具备在国际市场上竞争的能力，这就需要我们的软件学院在英语教学与双语授课、聘请高质量的外教，让学生在接收国际一流的软件文化教育方面进一步下大力气、花大功夫。

（三）进一步加强和国内企业合作的问题

我们培养的软件人才，首先是为了满足国内软件企业和国内其他企业信息化的需要。因此，软件学院的学生要对国内企业有深入的了解。同时，软件学院的建设与发展也需要国内企业的扶持。目前，示范性软件学院和国内企业的合作不是太多，我们应该加强这一工作。

（四）进一步理顺和校内兄弟院系和管理部门的关系

在国务院学位办、规划司、学生司等教育部相关司局以及国家发改委和财政部相关司局的大力支持和帮助下，在收费、招生、学位授予、人事以及培养模式等方面，都赋予了示范性软件学院较多的自主权。但是，这些自主权的落实与有效、正确的使用还有待于学校进一步协调和理顺关系。

（五）进一步深化人才培养模式的改革

尽管示范性软件学院在人才培养模式的改革方面取得了一定的成绩，但在软件人才培养的层次、类别等分层分类甚至个性化培养方法上，在与企业进一步结合上，在软件和相关应用的实践技能培养等方面都还有许多工作要做。

（六）进一步拓宽投入渠道，筹措办学资金，加大对软件学院的投入

示范性软件学院采用的是按市场机制培养人才的模式，除了少数本科生之外，工程硕士或双学位学生一律按办学成本收费。然而，目前国家规定的收费标准远未达到软件学院办学要求的成本，这就需要我们进一步拓宽渠道、筹措资金，加大对软件学院的投入，要培养高质量的学生，没有高投入是不行的。

第二章 “1 + X”证书制度下的信息技术人才培养体系建设

第一节 信息技术人才培养体系建设内涵

一、人才培养体系构建的原则

（一）服务社会发展与服务学生发展的原则

服务社会发展与服务学生发展是人才培养教育体系两种基本价值取向，深化中国特色人才培养体系改革，必须处理好人才培养教育面向服务这一核心理念与价值问题，努力实现服务社会发展与服务学生发展的和谐统一。

人才培养教育服务社会发展是以促进社会进步、经济繁荣、国家发展等作为基本价值取向与根本追求。而教育服务学生发展则是以促进学生个人的提高、发展与完善等作为基本价值取向与根本追求。社会发展为人的发展提供基础与条件，人的存在与发展离不开社会发展，离开了社会发展而谈人的发展只是一种奢望。人才培养教育服务社会发展与服务学生发展并不是截然对立的，而是互为依托、互促共进的辩证统一关系。但“任何社会中的教育都必然是关于人的教育，任何时候教育对于社会的贡献以及对于环境的改善均取决于受过教育的人。归根结底人才培养教育的发展既要适应社会发展的需要又要‘改善作为人的人’以及由受过教育的人所组成的社会”。此外，在服务社会发展与服务学生发展之间又有一个基本的逻辑关系：有利于学生发展的人才培养教育也必然从根本上有利于社会发展，有利于社会发展的人才培养教育并不必然有利于学生发展，不利于学生发展的人才培养教育是不可持续的，并且从长期来看也必然不利于社会发展。认清高等教育服务学生发展与服务社会发展之间的辩证统一关系与基本逻辑关系，是深化中国特色人才培养体系改革的一个基本前提。

随着人才培养重要性的不断提升，政府必然会加强对教育的控制与管理，这是世界高等教育发展的共同趋势，具有现实合理性。然而，人才培养教育与大学并不是完全等同的概念，人才培养教育服务社会发展是无条件的，是时代之需，是必然。从根本上来说，大学并不能直接服务于社会发展，而需要通过人才培养活动来发挥作用。在大学人才培养过程中应坚持“以人为本、立德树人”，从而实现学生的全面发展，由此来实现大学服务社会发展的作用。正如有论者所言，“教育发展的历史表明，过于强调大学为社会服务并不能真的提升教育的服务能力；相反，如果大学与政府或社会保持合适的距离，致力于人的理智的发展和人性的改善，反倒更能促进人类文明的进步和国家的繁荣”。从长远来讲，单纯地强调任何一方，最终既不利于促进社会发展，也不利于学生发展。可以说，在教育的发展史上服务社会发展与服务学生发展之间的矛盾运动形成了一种张力。正是这种张力维持与推动着教育与社会之间良性互动，也正是这种不断变化的张力决定了在处理“两个服务”问题时，必须既立足于社会发展的客观现实，又超越社会过于急功近利的期待与欲望，还要尊重学生成长与发展的基本规律，关照学生发展的合理诉求与需要，也即是要实现高等教育服务社会发展与服务学生发展的和谐统一。

我国自“中华人民共和国成立后，社会本位为主的教育价值观一直是我国政府制定高等教育政策、引领高等教育改革、促进高等教育发展的基本指导思想”。由此导致了信息技术领域中学生的身影日益模糊，主体地位逐渐丧失。过度强调大学服务社会发展的基本价值取向，必然会引导学生以外在的功利性目的与价值为基本追求，从而导致学生迷失自我、丧失个性。如此，社会各界对学生的社会责任、社会担当以及人文关怀等质疑与诟病的声音也就日益增多。不过，随着大学过度强调服务社会发展基本价值取向所导致的弊端日益凸显，各界对人才培养规律的认识、理解与把握也在不断地深入与深化。从“以人为本”的提出到“立德树人”的提出，既是对大学过度强调服务社会发展基本价值取向带来的弊端的回应，对人才教育服务社会发展基本价值取向的扬弃与超越，也是对信息技术人才培养规律认识与理解不断深入与深化的具体体现，是人才培养教育服务学生发展基本价值取向的集中体现与核心标志，这已成为我国教育改革的基本价值导向。今天，深化中国特色人才培养体系改革，必须坚持“以人为本、立德树人”，转变教育过于强调服务社会发展的传统观念与做法，提高对服务学生发展的关注度，并努力促进两者实现和谐统一。

（二）以教学为中心与教学以学生为中心的原则

人才培养是我国教育的首要目的和基本功能，学生和教学是一切活动的中心。在人才培养体系中必须明确“两个中心”，即以教学为中心和以学生为中心。以教学为中心是教育的本质要求，以学生为中心是教育教学过程的具体化。高校的一切活动都是以教育为中心进行的，同时教育也是达成教学目标的重要手段和方式。其他任何类型的不具有教学性质的活动，都不应以教育的名义存在于高等教育系统之中。正如杨叔子院士所指出的那样，“没有教学，大学就不能称之为大学；没有以教学作为学校工作的中心与基础，就不是一所意义完整的大学，而是一所似是而非的大学”。教学只有以学生为中心，教育人才培养人才的目标才能实现，“以人为本、立德树人”的基本理念也才能得到落实。也正是因为这样，才有了“百年大计，教育为本；教育大计，教师为本”的基本思想。目前，在我国人才培养体系构建的过程中，违背“两个中心”思想的问题仍比较突出与严峻。而解决问题的方法就是落实“两个中心”，高校应从宏观、微观两方面同时入手。在宏观层面，首先，国家应转变以经济建设思维方式发展高等教育和以行政化手段管理高等教育的传统做法，转变高等教育教育人才的实施方式和思想方式，转向以提高人才培养质量为核心的内涵式发展道路；其次，转变政府职能，完善现代大学教学制度，为大学提供安心于教学的制度环境与政策支持；再次，转变对大学以易于量化的科研项目、学术论文、课题经费等“GDP 主义”的考核与评价，精简评审项目、调整评估导向；最后，完善大学办学的资助权力，大学教学事物的管理权限应由大学本身决定，全面提高大学自主办学能力，从而更好地协调大学教学与科研之间存在的矛盾。在微观层面，一是要科学处理教学与科研的关系。从本质上来讲，大学教学与科学研究的关系是既矛盾又统一的辩证关系。因此，教学与科学研究只有相互促进、有机结合，才能实现教学水平与科研质量的提高。二是要积极推进建立科学合理的教师评价与考核机制。应采用同行评议取代行政评价，用质量标准取代数量堆砌；对教师教学水平的评价与考核，用学生学得怎么样来评价教师教得怎么样；加强制度建设和物质投入支持力度，为更多的优秀教师创造致力于教学的制度环境与物质条件。

（三）课程体系建设与教学方式创新两手抓的原则

课程教学是高校实现教学目标的基本依据和保障，同时也是全面发展学生素质的重要因素。而课程教育的有效性必须通过适当的教学方式才能得以体现。课程体系建设与教学方式创新是高等教育培养人才的基本载体与核心依托，是决定人才培养质量的基础，同时也是深化中国特色人才培养体系改革的关键着力点。课程体系是由多种不同课程，根据特定专业的培养目标与发展逻辑而组织起来的一个系统整体，是大学教育活动的基础，决定着大学教育活动的质量与水平，也从根本上决定着人才培养的质量。人才培养目标主要是通过课程教学实现的，课程建设水平的高低及课程体系的合理性、科学性是实现人才培养目标的基本保证。“教学方式从整体上考量教学过程，对教学活动进行全局性的统筹规划，内在地规定着教学活动的质量和水平”，是决定人才培养质量的关键因素。在课程体系与教学方式的关系上，课程体系是基础、是前提，教学方式是条件、是保障，只有二者有效衔接、互相协调，才能发挥最大的教育效应。

我国大学课程体系建设仍存在着一些亟待解决的问题，诸如，专业建设重学科、轻课程体系；课程体系缺乏合理性，架构不够严密、科学；课程建设水平不高，缺乏特色，创新性不强；开设课程总量不足，学生可选余地小。由于课程体系建设的成果（课程内容、课程多少、课程结构以及课程更新等）与学科建设的成果（科研经费、项目基地以及论文数量等）相比不易取得，更不易得到认可，所以我国大学普遍重视学科建设而轻视课程体系建设，由此导致课程脱离实际、内容陈旧、更新缓慢，并且各层次大学相同或相专业都用同样课程的现象较为严重。此外，我国教育历来就有“师传生受”的传统，学生没有选择“学什么”的权利与自由。在“学什么”既定的情况下，教师“怎么教”就成为调动学生学习积极性与主动性的关键影响因素。这样的教学方式不但不利于学生创新精神、创新能力以及探索兴趣等的形成与发展，甚至还在一定程度上抑制了学生的学习兴趣与欲望。大力推进课程体系建设与教学方式创新，仍然是深化中国特色高等教育人才培养体系改革面对的艰巨任务。推动课程体系建设与教学方式创新，应进一步提高高等教育国际化水平，积极引进消化国际先进的原版教材和教育模式；充分利用大学无限的外部资源，走产学研协同创新之路，构建完善的体现最新知识创新成果的课程体系；加大对课程体系建设的支持力度，促进不同学科间交叉与融合，扩大课程知识含量、增加课程的吸引力，更新课程内容、优化课程结构，增加课程总量、丰富课程选择；完善激励机制，鼓励与支持教师对课程体系建设与教学方式创新投入更多的精力；主动应对慕课等新挑战，加强教师（尤其是青年教师）培训，鼓励教师采用诱导式、启发式、探究式以及讨论式等教学方式。

（四）政府、大学、社会相互协调原则

人才培养是一项体现政府意志、社会需求和大学自身发展愿景等多元利益诉求的复杂系统工程。建构政府、社会、大学三者协同发展，边界清晰，运转有效的质量保障体系，是深化中国特色人才培养体系改革必不可少的组成部分，也是达成教学预期目标的体制条件。

高等教育质量保障体系是指与高等教育质量保障有关的各基本要素、各相关主体以及各权力关系之间相互联系、相互作用、相互协调以及相互制约而构成的体系，具有监督、调控、引导、激励以及咨询等多种功能与作用。以高等教育机构为边界，可以划分为内部质量保障体系和外部质量保障体系两个部分。两者只有相互作用、相互协调、互促共进，才能形成完善的、可靠的、合理的高等教育质量保障体系。然而，在我国高等教育质量保障体系建设过程中，政府、大学、社会三者之间的关系一直无法完美的协调发展，关于各自所拥有的权力、应承担的责任以及能享有的利益等核心问题，在法律法规方面缺乏严谨的规范与保障。质量保障体系建设则是以外部质量保

障为主导，具有强烈的政府主导意识，政府是全面参与的组织，既是领队，又是运动员，还是裁判员，无法充分发挥政府的主导作用，同时也无法履行政府相关的责任和义务；大学在办学的过程中丧失了大学的主导权限，而是"屈从于政府，迎合于社会"，未能体现人才培养主体的责任与担当；社会上相关的组织机构缺乏法律的规范化、运行制度的合理化以及良好的制度环境和发展所需要的物质条件；社会需求信息与大学获得的信息不相匹配，无法在大学人才培养过程中及时体现，导致教学思想落后，不符合社会发展的实际；政府、大学、社会三者之间往往是彼此隔离、单兵作战，缺乏有效的沟通机制。建构有效的质量保障体系，需要深入推进管办评分离，形成高等教育活动中政府、大学、社会"各司其职、各负其责、各展其用"的格局。政府是提高高等教育质量相关政策与制度的供给者，是建立高等教育质量保障体系的前端控制主体，在人才培养质量标准、大学办学自主权的限度及政策制度供给等方面，应充分发挥制度激励、政策引导、宏观调控等作用，管其该管，做好前端控制工作，做到不越位。大学是提高高等教育质量的关键行动者，是建立高等教育质量保障体系的中端责任主体，在具体的人才培养环节与培养过程等方面，应充分发挥能动性、主体性、主导性作用，承担其该承担的责任，做好中端培养工作，做到不缺位。社会是高等教育质量的最终检验与评价者，是建立高等教育质量保障体系的末端反馈与评价主体，在培养过程、人才质量状况以及社会需求信息等方面，应充分发挥过程监督、信息反馈、决策咨询等作用，监督其该监督的工作，做好末端反馈、监督、评价工作，做到不错位。政府的前端控制、大学的中端培养及社会的末端反馈与监督形成一个有机整体，彼此之间相互作用、互联互通、环环相扣，是一个完整的体系。

二、人才培养体系的理论框架

（一）目标体系

目标体系中主要包含三个方面的目标，即培养满足社会发展需要、职业需求和生活需要的人才。

1. 满足做一个健康人的生活需要

满足做一个健康人的生活需要是人才培养的基本要求。只有有自己的健康的生活，才能够安排好自己和家庭的生活，才能够在职业工作中更具有激情，这是一个积极健康的人的基本特征。一个只有工作，没有生活的人不是一个健康的人。事实证明，很多"工作狂"，都会积劳成疾或处于亚健康，国家和社会辛辛苦苦把他们培养成才，他们因没有自己的生活，不懂得张弛有度，不珍惜生命，年纪轻轻就失去了生命或失去了为社会做贡献的能力，这样的人才非常可惜，这种以工作代替生活的做法是非常不值得提倡的。因此，学会生活，培养会生活的人，满足人才的生活需要是我们所提倡的。当然，会生活不等同于只会生活，有些人只有生活，把个人的生活看得高于一切，下班到点就走，不愿意任何加班，这也是我们所反对的。我们所培养的人才应该能够合理处理好工作和生活的关系，做好两者之间的协调和平衡。

2. 满足做一个职业人的发展需求

满足职业需求是人才培养的核心目标。马克思说，劳动是人类的第一需要。我们的人才培养的目的就是要满足人类劳动的需要，只有培养会劳动的人，才能够满足人的生存和发展的需要。人只有有了职业之后，才能够有职业的发展，也才能够有前进的动力和上进的信心。职业的需求既是个人发展的需要，也是社会发展的需要，只有个人在职业工作方面取得了发展，社会才有可能发展，人类才有可能向前推进。所以说，职业发展的需求是联系个人发展和社会发展的桥梁，是人才培养的核心目标。

3. 满足做一个社会人的发展需求

满足社会发展需要是人才培养的终极目标。人才必定是对社会有用的人，对社会没有用处或破坏社会发展的人不能被称为人才。信息技术人才满足的是信息技术产业发展的需要，只有对信息技术产业发展起到推动作用的人才能够有资格成为信息技术人才。信息技术产业的发展具有跨界融合的趋势，信息技术与垂直行业的融合是其本质特征，因此需要跨界融合型的创新型人才，才能够推进产业的发展，从而满足社会的发展需要。

（二）内容体系

内容体系中包含三个方面的培养内容，即开展技术技能教育、专业交叉培养和创新创业引导，在专业技术技能教育的基础上，通过专业交叉培养和创新创业引导，实现人才的跨界融合。

1. 开展技术技能教育

技术技能教育是职业教育的核心内容，包括技能教育和技术教育两个既有区别又有联系的方面。技能教育侧重于操作，旨在培养具备某一方面操作技能的人才；而技术教育侧重于应用，旨在培养某一领域的应用型人才。技能是技术的前提和基础，技术是技能的提升应用。职业技术教育培养的是具有技术技能的应用型人才。当然，我们在强调人才的技术技能的同时，还必须强调人才技术技能之外的“软技能”，即非技术技能（non-technical skills），指沟通能力、倾听能力、说服能力、自我激励的能力、影响力、团队建设的能力等。软技能是各种行为的组合，包括驱动各种可视行为的态度和动机。软技能虽然没有技术技能那么外显，但在实际职业工作中能够直接影响工作的成效，对人的职业发展起到影响性甚至决定性的作用。因此，技术技能教育和“软技能”教育应该是并重的，这样才能够培养合格的职业技术人才。

2. 开展专业交叉培养

专业交叉培养是在人才比较熟练掌握一种专业的基础上，根据自身的兴趣和爱好，涉足其他专业的学习和发展，这是培养跨界融合型人才的必要举措。在开展专业交叉培养的时候要注意以下几点：一是专业交叉培养不同于转专业培养。交叉培养的前提是必须比较熟练地掌握一种专业之后开展的人才培养，如果学生尚未学好一种专业就开展所谓的专业交叉培养，其结果可能会导致任何一个专业都没学好，甚至成为一无可用的人。二是对于信息技术人才来说，专业交叉培养不仅仅局限于开展两个专业的交叉，可以根据兴趣爱好，开展多个专业的交叉。信息技术产业的垂直行业众多，可以包含多个专业领域，需要各种类型的跨界人才，只要学生有兴趣、有时间和精力，可以开展多个领域的跨界培养和引领。三是交叉培养的目的不是让学生在第二专业成为专业人才，而是给学生打开第二专业的门，了解第二专业的基本知识，培养基本能力和方法，让学生具备从第二专业进行思考的思维方式。在职业工作中，学生可以根据工作需要，以问题为导向对跨界的专业进行自学和提升，最终实现问题的解决。因此，这里的专业交叉培养与研究型院校的专业交叉培养有着本质的区别，专业交叉培养的目的在于解决信息技术业务中遇到的问题，满足客户的需求。

3. 开展创新创业引导

"大众创业，万众创新"是我国现时期提出的要求，开展创新创业引导是人才培养的内容之一。信息技术产业与创新、创业有着紧密的联系，主要表现在：一是信息技术产业是以为解决客户信息技术相关问题的产业，满足客户的需求，是信息技术产业追求的终极目标。为更好地满足客户的需求，从业人员随时面临着创新的要求，创新是信息技术产业发展的不竭动力，而跨界融合是满足创新需求的必然要求。二是目前国内外信息技术需求众多，信息技术产业又具有突出的特点，这也决定了信息技术行业非常适合于创业，特别适合于年轻人创业，创业人才培养也是我们培养的内容之一。创业本身就是跨界的具体体现，既要懂得专业知识，也要懂得经营管理和营销，复合型人才才有可能成为创业人才。无论是创新，还是创业，都需要具有跨界的思维、跨界的方法、跨界的能力，开展创新创业引导是我们人才培养的应有之义。

（三）实施体系

实施体系包括八个方面的内容，即二维矩阵式专业开发、产教融合式专业建设、跨界型师资队伍建设、融合式项目课程建设、项目导向式实训过程问题导向式教学实施、创新创业式社会实践、国际化人才培养引领 8 种途径实现人才培养目标。

1. 二维矩阵式专业开发

结合行业产业发展现状和发展趋势，开发适合行业产业发展人才需求的专业，是培养适合市场需求的人才的基础。因此，专业开发在人才培养过程中具有先决性意义，直接决定了人才培养的方向和适用性。

2. 产教融合式专业建设

完善产教融合、协同育人机制是国家对职业教育提出的要求，也是人才培养的现实需要。高校的专业建设需要建立在产业和教育深度融合的基础上，通过学校和企业在专业建设理念指导、过程参与、结果评价等方面共同合作，既要按照行业产业发展需求开展专业建设，也要按照人才成长要求，即符合教育的规律开展专业建设，两者需要紧密结合，相得益彰，才能够符合人才培养的需要。信息技术跨界融合式人才培养既需要建立在专业跨界的基础上，更需要建立在教育与产业跨界融合的基础上，产教融合推进专业建设是复合型人才培养的必然之路。

3. 跨界型师资队伍建设

师资队伍建设在人才培养中具有关键作用，技术技能型人才培养不仅仅需要理论知识的支撑，更需要具有丰富实践经验的老师的指导。这就要求师资队伍建设必须以“双师型”师资建设为重点，同时要聘请行业企业的专家、在一线具有实战经验的技术人员作为学校的兼职教师，通过专职和兼职相结合的方式，逐步完善师资队伍结构。同时，对于学校的专职老师来说，要向行业企业跨界，要通过下企业挂职、顶岗的方式，积累行业企业实践经验，了解行业企业发展形势，更新职业发展观念；对于行业企业的兼职教师来说，要向教育跨界，通过参与学校的人才培养、参与学校的教研活动、学习和掌握教育教学方法，了解教育教学规律，才能够有效开展人才培养。通过专职教师和兼职教师的双向跨界，培养跨界型师资队伍，是职业人才培养的长久之计。

4. 融合式项目课程建设

课程在学校人才培养中具有举足轻重的作用，是教育思想和教育观念付诸实践的载体。融合式项目课程建设首先体现的是项目课程的特点，即以项目为导向，以任务为引领，以问题为要素构建课程框架，培养学生综合运用知识能力，解决问题的能力；其次体现的是融合的特点，体现的是信息技术业务领域与垂直行业的融合，通识教育与专业教育的融合，素质教育与能力教育的融合，打破了学科体系下的科学专业的界限，实行按需学习，突出以问题引导下的自主学习。融合式项目课程既能够培养学生的问题意识、解决问题的思维，也能够培养学生围绕问题开展自主探究、自主学习的能力，以及在问题解决过程中的合作能力等。

5. 项目导向式实训过程

实训教学是培养学生解决问题能力的重要过程，是学生综合运用知识能力，在情感、价值观的支配下解决问题的过程，这就要求实训教学以项目为依托，在具体项目的基础上开展实训，培养解决问题的综合能力。实训教学中的项目可以是虚拟的项目，也可以是真实的项目，还可以是企业已经实施的项目。不管是哪种项目，都要求项目具有合理性、实际可操作性和一定的效益性，这样才能够达到实训的目的，不是为了实训而实训，也不是因为实训而实训，实训的价值才能够得到充分体现。项目导向式实训过程要求实训建设满足项目运作、实施的条件，这就要求实训建设不仅仅是装备建设，更重要的是要为围绕项目，搭建项目交流、交付、产业化、效益化的平台，搭建“项目超市”，学生和教师可以在“项目超市”中实施，通过这样的实训，能够激发学生的学习动力，加快学生的“身份”转化的进程，提高人才培养的实效。

6. 问题导向式教学实施

信息技术人才工作过程就是为客户不断解决问题的过程，问题的满意解决是信息技术项目实施完成的标志。因此，在信息技术人才培养过程中，要以问题为导向，培养学生解决问题的思维能力和为解决问题而准备的技术技能以及在解决问题中所运用到的交流能力、协作能力、学习能力等。

以问题为导向的教学方法也称为 PBL（Problem-Based Learning）教学法，是基于现实世界的以学生为中心的教育方式，1969 年由美国的神经病学教授巴罗斯（Barrows）在加拿大的麦克马斯特大学首创，目前已成为国际上较流行的一种教学方法。与传统的以学科为基础的教学法有很大不同，PBL 强调以学生的主动学习为主，而不是传统教学中的以教师讲授为主；PBL 将学习与更大的任务或问题挂钩，使学习者投入问题中；它设计真实性任务，强调把学习设置到复杂的、有意义的问题情景中，通过学习者的自主探究和合作来解决问题，从而学习隐含在问题背后的科学知识，形成解决问题的技能和自主学习的能力。问题导向教学不仅为学生营造了轻松的学习氛围，使其能够自主地、积极地畅所欲言，充分表达自己的观点，同时也可以十分容易地获得来自其他同学和老师的信息，还可锻炼学生们多方面的能力，如文献检索、查阅资料的能力，归纳总结、综合理解的能力，逻辑推理、口头表达的能力，主导学习、终身学习的能力等。

7. 创新创业社会实践

职业人才是与社会生活和生产联系最为紧密的一类人才，职业人才培养离不开社会实践，需要在社会的“熔炉”中实践和锻炼，才能够融入社会，融合到职业需求，也才能够找到自身的价值和意义。“大众创业，万众创新”是国家和社会提出的要求，信息技术行业与社会各行业结合紧密，其本身就是需要不断创新的行业，而且具有“轻资产”的特点，比较适合于青年人才创业，因此，创新和创业是信息技术人才培养的一个重要组成部分。创新创业社会实践是将人才的职业性、社会性与自身的价值紧密融合在一起，为学生走向职业，走入社会服务，实现从学生到职业人到社会人的平滑过渡。

8. 国际化人才培养引领

服务的全球化趋势加速了信息技术的离岸化与国际化。随着经济全球化的深入推进以及“中国服务”与“中国制造”双轮驱动外贸格局的逐渐形成。高校要积极顺应高等教育国际化的发展方向，在人才培养目标、师资培养、国际交流与合作等方面进行改革，积极借鉴国外教育的成功经验，以开放的国际化视野，创新信息技术人才培养模式，培养更多的适应信息技术产业发展需求的高素质、国际化的中高端人才。在人才培养定位上就要自觉树立国际化理念，从课程设置、教材选定、教学技术、教学方法、师资建设等教学环节满足国际化信息技术人才的培养要求。在文化素养培育方面，一方面要加强外语学习，尤其重要的是要在专业技能学习过程中有机地融入外语尤其是多语种的教育教学；另一方面要增强跨文化学习，使学生逐渐增强全球化意识，理解全球范围内政治、经济、文化等的相互依赖性，增强跨文化沟通能力与适应能力。要积极引导学生参加各种涉外活动与对外文化交流，自觉营造或主动融入国际化的人才培养环境，进而培养学生在国际化和多元化的社会工作环境中生存的能力。

（四）保障体系

保障体系包括六个方面，即“为产业办教育”的办学宗旨、“顺进化之理应未来之需”的办学理念、“产教融合”的办学方式、全员激励的办学体制机制、文化导向的育人环境、基于全面质量管理的教学质量监控体系。保障体系是实施路径的保障，也是人才培养目标实现的保障。

1. “为产业办教育”的办学宗旨

办学宗旨是学校的办学主张、办学使命，是学校一切办学活动的依据和信息技术型人才培养体系创新研究指导原则。学校根据区域经济社会转型升级需要，结合信息技术产业发展的特点，确立了“为产业办教育”的办学宗旨，为产业的发展进行人才培养、结合产业发展开展科学研究、服务社会发展需求、实现文化的传承。

2. “顺进化之理，应未来之需”的办学理念

办学理念是基于“办怎么样的学校”和“怎样办好学校”的深层次思考的结晶。苏州工业园区信息技术职业学院借鉴叶圣陶的教育理念，确定了“顺进化之理，应未来之需”的办学理念。叶圣陶认为，教育的发展和重点是顺进化之理，应未来之需，充分发挥教育开创文化的功效，注重培养学生的创新精神和实践能力，不断实现教育自身的创新。“顺进化之理”是在认识到事物进化规律的基础上，遵循职业人才成长规律，顺应学生发展需求，把人当作发展中的、可塑的人才的发展理念，其本质是从人性的角度把握人才的成长规律并尊重规律、运用规律，培养人才。“应未来之需”从未来的高度，以发展的眼光指出了人才培养的目标和学校发展的目标。着眼长远、

未雨绸缪，学校才能够走得更快、更远，人才培养才能更能够适应信息技术产业不断发展的需求。

3.“产教融合”的办学方式

“为产业办教育”的办学宗旨决定了学校的办学方式必然建立在产教融合的基础上，产教融合体现在学校办学的方方面面。从人才培养的角度看，从人才培养方案、课程标准的制定到课程和教学资源的开发以及人才培养的实施与评价等方面，处处都离不开行业企业的合作与支持，人才培养的过程就是校企深度合作的过程；从科学研究的角度看，学校的科学研究主要围绕业发展研究和人才培养研究两大方面，其中产业发展研究紧密围绕产业行业、企业开展，包括产业规划研究、行业发展研究、企业科技服务等。人才培养研究从人才培养的角度、结合产业人才需求，与企业共同开展研究，明确人才培养目标、重构人才培养内容、优化人才培养手段、改善人才培养评价体系等；从大学文化传承的角度看，在人才培养过程中既注重传统文化的传承，也注重企业文化的培养，还注重国际理解文化的教育。产教融合需要浸润到办学的全过程。

4. 全员激励的办学体制机制

办学体制机制直接影响到员工的积极性，影响到人才培养的成效。传统的事业单位管理方式在一定程度上造成了员工积极性的挫伤，国家正在通过积极的改革来改变这一局面。例如，苏州信息技术职业学院从建校开始就采用了“事业单位企业化管理”的体制机制，即从政府与学校的关系上看，学校属于公办事业单位，享受全额拨款的待遇；而从学校内部的关系来看，采用的是企业化的管理方式，包括员工企业化编制，实行去行政化的全员聘任制；企业化用人制度，自主招聘、能上能下；企业化管理机制，以员工绩效为导向；企业化考核机制，以绩效来进行考核。这种办学体制机制实现了用人灵活、管理民主、绩效引导、全员激励，为提高全员的积极性提供了保障，有力地促进了人才培养质量的提升。

5. 文化导向的育人环境

大学校园文化不仅能丰富大学生的业余文化生活，而且具有导向、激励、陶冶和凝聚的德育功能，有利于大学生正确的人生观、世界观、价值观的培养和形成。文化导向的育人环境注重大学精神的打造、校园文化体系的构建、品牌学生社团的培养以及创新创业教育文化的教育。通过系列举措，鼓励广大师生积极参与文化建设，在学校的文化印记中留有自己的痕迹，激励广大师生爱岗敬业、诚实守信、团结互助，从而培养高尚的道德情操、健康向上的职业观、价值观和世界观。

6. 基于全面质量管理的教学质量监控体系

全面质量管理主要包括四个核心理念：消费者满意、全员参与、质量的持续改善和依据事实。全面质量管理的概念框架包括质量方针、质量体系、质量手册、质量控制、质量保障、质量审核、质量评价等内容。其基本行动模型是戴明循环（PDCA），即策划（P）、实施（D）、检查（C）、改进（A）。其基本要求可以概括为“三全一多”，即全程性、全面性、全员性和多方法性，充分体现了系统性、整体性与一致性的管理思想。学校强调过程控制和持续改进，形成了富有特色的教学质量控制系统。系统包括了计划与决策、实施与保障、检查与评估、反馈与改进四个阶段，四个阶段形成 PDCA 循环，从而推动学校职业教育质量的稳步提升。

（五）评价体系

在人才培养过程中，学生的学业评价不仅仅采用单一的考试评价方式，而是采用与职业岗位要求相接轨的多元化评价体系。评价体系包括四个方面的内容，即分层评价指标、多元评价主体、多样化评价方式、分段式评价内容。全方位、综合性的学业评价体系由传统的重视理论掌握走向了重视实践与应用，充分激发了学生的潜能。

1. 分层评价指标

学生升学、就业、创业的不同去向，决定了学生在学习过程中的侧重各不相同。因此在评价指标的设置上要有所区分，大体可以分为两类，即升学的为一类，就业创业的为一类。在评价标准上也相应分为基本要求和拓展要求两个标准。对于选择就业和创业的学生，在教学评价上要满足基本要求，着重学生的职业能力培养；对于要进一步深造的学生，除了满足基本要求外，还要满足拓展要求，在教学上不仅要进行职业能力培养，还要在文化基础课方面进行拓展，满足升学的需要。

2. 多元评价主体

评价主体的选择直接会影响到评价结果，单一的评价主体必然是单一的评价结果，多元的评价主体会增加评价的信度，因此评价主体力求体现多元的特点。评价主体主要包括外部主体和内部主体两个方面。外部主体为项目服务对象，即客户。企业人员、教师、同学、个人四类人员构成了两个层面的评价主体。

3. 多样化评价方式

学科体系下的评价方式比较单一，基本是用考试来评价学业。能力体系下的评价方式并不排斥考试的评价方式，只是在考试之外采取更多的评价方式。基于项目的多样化的评价方式主要包括理论考核、职业素养考评和学期项目汇报三个方面。理论考核注重学生知识掌握情况；职业素养考评注重学生职业素养形成情况；学期项目汇报是理论、技能、素养的综合考评，重点汇报本学期学生所掌握的技能及项目中的应用情况。

4. 分段式评价内容

基于项目的评价主要包括项目过程评价、项目结果评价两个方面。项目过程评价重点考评学生在项目实施过程中的专业应用能力、团队协作能力等；项目结果评价重点考评学生的项目完成情况。

三、应用创新型信息技术人才的内涵和特征

本科层次应用创新型人才和一般的创新型人才、应用型人才相比，除了应具有创新人才共同的创新意识、创新精神、心理特征之外，更为重要的是具有在现场解决问题的创新实践能力，即要有较强的学习能力和动手实践能力，善于运用所学知识发现问题、分析问题、解决问题。可见，应用创新型信息技术人才，首先是应用型信息技术人才，其次是有一定创新意识、创新精神、创造能力的人才。他们从事信息技术专业相关工作，能够运用一定的信息技术学科知识和专业知识，创造新技术或者进行创造性的社会化操作与应用，将抽象的信息技术理论符号转换成具体的信息技术行业操作构思或产品构型，将新知识创造性地应用于实践。具体来说，应用创新型信息技术人才应该具有独特的能力。这独特的能力是应用创新型信息技术人才在职业岗位上所展示出的具有特殊优势的能力。主要包括以下六种：

第一种：智慧能力。简称智力，主要包括学习能力、思维能力、抽象推理能力、观察能力、记忆力、想象力、自信等。智力是应用创新型人才需要具备的最重要的潜在能力之一，只有具备了智慧能力，才能利用自己的才学去发现和解决专业相关问题。

第二种：应用能力。应用能力是应用创新型人才最为核心的能力之一。它指将已学到的信息技术专业相关知识转化为生产力的能力。应用能力一般包含实践能力、技术转化能力、实际操作能力等。

第三种：创新能力。创新能力是应用创新型人才最为核心的能力之一，对于本科层次的信息技术专业人才来说，创新能力一般指技术创新、集成创新和管理创新等能力。

第四种：管理能力。管理能力包括决策能力、执行能力、组织管理能力、人际交往能力等。良好的决策能力和执行能力可以在信息技术专业相关工作中适时地做出最佳的选择和最好的行动。技术型信息技术专业性工作是应用创新型信息技术人才主要从事的工作，团队合作在这类工作中尤为重要。而组织管理能力和人际交往能力则有利于一个团队的共同发展，绝大部多数的信息技术行业工作不可能只完全依靠一个人来完成，这是一个团队合作的过程，良好的组织管理能力和人际交往沟通能力是团队工作必备的能力。

第五种：适应能力。适应能力是指擅长根据环境的变化及时作出反应，并做出相

应调节措施的能力。适应能力主要包括随机应变的能力、信息识别的能力和自我调节的能力等。在当前看来，社会是复杂的、容易改变的，善于根据环境的改变适时地进行调节的能力是应用型人才必须具备的能力。

第六种：表达能力。亦被叫作语言文字沟通能力，可分为两种，一种是口头的，另一种是书面的。主要是以口头语言或书面文字来表达自己的想法、感情的能力。口头表达能力主要强调在运用语言时的灵活多变和艺术美感，书面表达能力主要在于运用文字时应注意逻辑性和条理性。

我们认为应用创新型信息技术人才应具有以下几个特征：

一是专业性。从知识结构上来讲，应用创新型人才应具有以通识为基础的宽厚的信息技术专业基础知识、宽广的专业知识面，强调信息技术专业知识体系的完整、系统和科学性，具有可塑性的知识框架，为应用信息技术专业知识进行技术创新和技术应用提供基础。

二是应用性。应用创新型信息技术人才主要强调的是基础理论知识的重要性以及应用到生产的指导性；其主要目的不是做理论研究，而是针对生产第一线，为了解决在生产实践中出现的现实信息技术问题而进行基础理论知识的学习，主要是突出在运用信息技术专业知识的过程中发现、分析和解决问题的能力，将专业知识运用到实际操作中的能力，要求其必须与职业岗位素质要求高度匹配。

三是创新性。信息技术是新兴学科，并迅速渗透和应用到各行各业，贯穿于人们的工作和生活中。其理论知识和技术发展、更新换代非常快。可见，应用创新型信息技术人才不仅要懂得怎么学习，还要知道怎么实践应用，尤其是更要掌握创新能力。他们应该具备无限的求知欲望和永不倦怠的创新意识，在学习的过程中不断汲取新知识和新观念，不断研究、不断探索新的方法和生产技艺，以期职业生涯与时俱进。创新性是应用创新型人才最核心的品质特征。应用创新型人才最主要的特征是创新素质高，创新能力强，善于开拓创新，只有在教学的过程中加强对学生创新能力与创新素质的培养与训练，才能培养出优秀的应用创新型人才。

四是复合性。培养应用创新型人才在注重发展智力因素的同时，也非常重视非智力因素的教育和培养。在知识结构上，要具有深厚扎实的专业基础理论知识和宽广博大的知识面、知识底蕴；在能力结构上，要具有应用各种现代科学技术解决实际问题的能力、较强的科技应用和创新能力、善于发现和解决问题的能力，具备处理多学科课题的意识和能力、终身学习的能力等。从素质因素上来讲，应具有热爱祖国的激情、建设创新型国家的社会责任感、勇于探索和创新的精神、独立完善的个性品质、良好的职业道德和职业素质、良好的协作与团队精神。在能力要素上，要有综合运用所学知识的能力和人际交往沟通能力等。这就是应用创新型信息技术人才的复合性。

四、“1 + X”制度下的应用创新型信息技术专业人才培养体系建设的内涵

应用创新型人才培养体系是为实现该专业应用创新型人才培养目标所实施的培养过程中相互关联或相互作用的各要素的总和，对人才培养起着决定性的规范和统领作用。人才培养体系的构建就是对人才培养的“顶层设计”，要以实现该专业人才培养目标为前提，充分体现先进的教育理念，符合教育教学规律，符合普通高校的实际情况和发展目标，科学、合理地确定和建立每一个培养体系要素，包括培养模式、教学模式和管理模式等实施性要素，以及课程、专业、师资、学风和设施等资源性要素。“1 + X”制度下的应用创新型信息技术专业人才培养体系建设则是建设以培养创新创业人才为导向的应用创新型信息技术专业人才培养体系。

尽管如今距离应用创新型人才培养完整的、科学的认识还较远，但从对一些关键要素的分析可以看出，我国本科应用创新型人才培养与知识经济需要的契合性。在培养目标上，追求高素质、复合性、创新性、应用型的高层次人才的实现；在培养内容上，按照培养目标的要求，确定适宜的课程内容；在培养过程上，注重基础教学，加强应用实践环节和科技创新实践，实施个性化培养；在培养制度上，为保证各个环节正常有序地进行，制定有利于应用创新型人才培养的制度、规则；在培养评价上，重点突出“知识、能力、素质”三维的考评，检验“应用性”“创新性”效果，建立健全有助于应用创新型人才培养的评价体系。因此，在培养“1 + X”制度下的应用创新型信息技术人才的过程中，要以行业发展需求和市场需要为引导，同时遵循人的教育价值观念和成长规律，让其在信息技术相关领域中尽其才，要坚持因时而变的科学教育理念、因人而异的专业设置模式、博专并举的课程设置，同时强调课堂教学与课内外应用和创新创业实践操练的有效结合。只有这样，应用创新型信息技术人才的培养目标才能实现。

近年来，我校的应用创新型人才培养以“夯实学科基础，注重专业交叉，强化应用实践，培养创新能力”为思路，以培养学生的工程实践能力、创新能力和综合素质为核心，具有鲜明的综合性、交叉性和应用性特点，注重对学生进行综合素质和善于运用所学专业知识发现问题、分析问题、解决问题和工程创新能力的培养。

例如，高校计算机与信息工程学院在学校应用创新型人才培养思路和精神的指导下，开展了应用创新型信息技术专业人才培养体系建设的探索与实践。主要立足于当前和未来我国信息技术产业发展的人才需求，以市场需求为引导，面向行业专业未来，以“三个课堂为一体，多维平台联动”为教育理念，以加强基础、强化应用、提高素质、注重创新、兼顾创业、激励个性、体现特点为基石，以信息技术专业基础理论为依托，

以“厚基础，宽口径，强能力，能创新，可创业，高素质”为特色，进行应用创新型专业人才培养，为区域经济和社会发展服务。“厚基础”，就是具备较深厚的学科基础理论、专业基础理论和专业相关科学理论等方面的知识基础和知识结构，是培养该专业应用创新型人才的前提，也是为“宽口径”和面向产业的专业学习提供保证。“宽口径”就是实行“平台教育+模块教育”的模式。“平台教育”指的是“厚基础”的“通才教育”，“模块教育”指的是“宽口径”的“专才教育”。“厚基础，宽口径”的人才培养模式实现了社会对应用创新型专业人才需求的多样性和对个体人才需求的专一性的有机统一。“强能力”，是应用创新型人才培养目标的落脚点，是指信息技术技术人员在信息技术产业界应具备的各种能力。“能创新”就是有良好的创新意识和创新思维，有一定的技术创新、集成创新和管理创新的能力。“可创业”，就是要培养学生一定的创业意识、创业精神，指导和帮助其进行创业实践训练，使其具备一定的创业素养和能力。“高素质”，就是要使培养的人才具有良好的工程应用素质、自然科学文化素质、人文思想道德素质和心理生理素质，高素质是培养应用创新型人才的出发点和最终目标。

总之，近年来，高校一直致力于特色的信息技术专业应用创新型人才培养体系的研究与构建，着力从教育理念先进化、人才培养目标多元化、人才培养模式多样化、教学管理人本化、教学质量监控全程化等角度优化学生、教师、教学资源与条件和社会需求之间的耦合关系，在学科平台发展、教师队伍建设、课程内容体系优化、教材建设、教育教学改革、实践平台建设等方面取得了全面的进步，应用创新型人才培养成效显著，获得了众多其他院校和用人单位的好评。

第二节　信息技术人才培养体系建设意义

高校在对多年来国内外高等院校信息技术实践教学改革进行综合分析和借鉴的基础上，针对当前信息技术类应用创新型人才培养存在的弊端和问题，提出了以应用创新和创业为导向，以“产学研用”结合为切入点，通过教学资源库建设、专业核心课程教学改革、多维融合的拔尖信息技术人才培养平台构建和新型校企合作人才培养机制构建等一系列措施和机制有机结合，开展“三个课堂为一体，多维平台联动”的具有区域和学校特色的应用创新型信息技术类专业人才培养体系建设。其建设的意义主要在于：

第一，对应用创新型信息技术人才培养过程中的主要实践教学环节进行综合改革，系统地优化和构建高效的实践教学体系，建立具有时代特征、区域和学校特色的一整套可操作性的应用创新型信息技术人才培养的运行和管理机制，为地方高等院校进一步大力推动实践教学改革提供理念、模式、制度等借鉴。

第二，以“产学研用”结合为切入点的“三个课堂为一体，多维平台联动”的应用创新型信息技术专业人才培养体系建设，紧密结合高校信息技术类教育改革发展的趋势，深入分析信息技术企事业单位的人才特点，对大学生实践能力、创新创业能力进行系统训练，对有效培养高水平的应用创新型特色人才具有重要的参考价值，对提升普通高校的信息技术类应用创新型特色人才培养质量具有积极的理论和现实意义。

第三，以“产学研用”结合为切入点的“三个课堂为一体，多维平台联动”的应用创新型信息技术专业人才培养体系，根据西部落后地区大学特点和社会经济发展对应用创新型信息技术人才的需求，依托地方经济发展的支柱产业，在“产学研用”相结合的基础上，为国家造就大批基础扎实、综合素质高、工程应用能力强、创新创业能力强的应用创新型信息技术人才，服务地方经济社会发展，对增强高校的社会服务能力，促进地区及国家的经济发展有着极为重要的作用。

第三节　信息技术人才培养体系建设主要内容

针对当前信息技术人才培养存在的弊端和问题，探究以应用创新和创业为导向，以“产学研用”结合为切入点的，科学、合理、可操作性强的具有区域和学校特色的教学资源库建设、专业核心课程教学改革、多维融合的拔尖人才培养平台构建和新型校企合作人才培养机制构建等一系列措施和机制有机结合的“三个课堂为一体，多维平台联动”的应用创新型信息技术类专业人才培养体系建设，主要内容包括：

一、创新专业核心课程与教学改革研究与实践

通过专业核心课程教学改革，探索提高学生学习能力、实践与创新能力的途径与方法，创新教学方法体系。

第一，通过行业和企业调研，厘清行业对学生的知识和能力要求，挖掘关键知识和能力要求，寻找当前高校教育和企业需求的关键矛盾，以改进教学模式和教学方法与手段。

第二，研究和建设适合培养特色的创新应用型信息技术人才的课程体系。

第三，研究如何构建有利于提高学生创新意识和应用实践能力的教学环节。

第四，探究和实践通过改革高级程序设计、数据结构和数据库原理与应用等专业

核心课程的教学内容及教学方法手段、教学实践环节、考试方式手段等方面，增强学生的专业基础知识和技能，提高学生的学习能力和综合应用能力。

第五，探究和实践通过改革毕业设计（论文）、实习实训等实践教学环节，培养大学生的知识应用的实践能力和创新意识。

二、校本特色的专业教学资源库建设和应用的研究与实践

研究和构建以网络为基础、以资源为核心、以应用为目标、以服务为特征的校本特色的专业教育教学精品资源库，为培养特色应用创新型信息类专业人才提供充沛的教学资源，并有效用于教学，提高学生学习效率和知识消化水平及提高教师的教学效率和质量。

第一，研究与设计教育教学精品资源库平台，为教学资源的共享和使用提供支持。

第二，构建专业核心课程和特色课程的教学视频库、教案和课件库、题库、教学案例库等。

第三，构建信息类相关课程的慕课和微课精品库。

第四，构建信息类专业学生的实习资源库，包括专业实习资源库和教育实习资源库。

第五，专业教学资源库的教学实践研究与应用推广。

三、构建多维融合的特色应用创新型拔尖信息技术人才培养平台，营造良好的特色应用创新型人才培养环境

第一，竭尽全力，创设各种有利条件开展学科基础平台建设，为培养特色应用创新型信息技术专业人才的培养，提供坚实的基础。

第二，构建基于科技项目和应用开发项目、以名师为纽带的大学生科技实践与创新工作室，探究应用创新型拔尖人才的培养。

第三，建设基于学科优势、以班级形式培养拔尖应用创新型人才的卓越软件工程师实验班。

第四，构建以学科竞赛和大学生创新创业项目等课外科技创新活动为依托的平台，探究拔尖应用创新型人才培养。

第五，探究多维平台的搭建和融合，以营造更好的学习气氛和科技实践与创新环境为重点，激发学生的热情、激情和创造力，培养具有区域和学校特色的应用创新型信息技术人才。

四、探究与实践新型“产学研用”校企合作培养特色的信息技术人才培养模式

第一，探究与实践校企合作申报课题和科技平台的良性运行机制。

第二，探究与实践企业项目分解给学生实训、接纳师生合作开发的有效合作模式、实施途径。

第三，探究与实践教师到企业一线顶岗学习与聘请企业专家来校授课及委托企业开课联动的合作模式。

第四，探究与实践多种基于重大社会问题驱动、领域应用驱动等方案和模式的“产学研用”合作培养特色应用创新型人才。

第三章 “1 + X”证书制度下的专业教学资源库建设

第一节 信息化教学资源的分类与特点

一、信息化教学资源的概念

随着教育事业的发展，教学资源建设已成为学习与教学活动中必不可少的组成部分，成为各个学校教学工作的重点之一，且日益受到教师们的关注。广义的教学资源是指在教与学的活动中进行服务的各种人和物，它既包括非生命的实物和信息，也包括具有能动性的有生命的人力资源，如教师的言语、动作表情、电视、EVD、图像等。狭义的教学资源是指在教与学的过程当中所使用的各种硬件媒体以及承载信息的各种软件媒体，如图书、投影仪、视频展台、VCD、录像机、教学挂图、教学模型、网络上的各种音频、视频、动画等。

通常认为，信息化教学资源属于信息资源的范畴，是从狭义上理解的一种特殊的教学资源，是一种经过合理选取、组织之后形成有序化、有利于学习者自身发展的有用信息的集合。

信息化教学资源，主要指蕴涵了大量教育信息，在学与教的过程中通过使用者的使用能创造出一定教育价值，且以数字化形式存在并可在互联网上进行传输的信息资源。

二、信息化教学资源的分类

从信息技术的角度看，我们可以把教学资源分为媒体素材类教学资源、集成型教学资源、网络课程教学资源三大类。

（一）媒体素材类教学资源

媒体素材类教学资源是教学信息传播的基本材料单元，可分为文字资源、图形/图像资源、音频资源、动画资源和视频资源五大类。

1. 文字资源

文字是进行信息交流的一种重要手段，它是通过一定的符号来表达信息的一种工具，其根本作用在于承载信息与传递信息。在日常生活中，文字随处可见，如报纸、杂志、书刊、网络上的各种文章等。在教与学的过程中，教科书、练习册等主要以文字进行信息传播。因在网络信息传播中使用文字时，不仅有字体字号大小、颜色的变化，而且还有新的拓展，因此一般用“文本”这个词来代表网络上的“文字”这个词。

2. 图形 / 图像资源

图形是教与学的过程中比较特殊的一种资源，因其较抽象，所以在传播中承载的信息量较少。图形有数据量小、不易失真的特点。因此，图形在多媒体教学和网络传播中应用较多。从最终的呈现来看，图形与静态图像没有太大区别。

图像也是一种较特殊的教学资源。在信息技术环境下所使用的图像，与报纸、杂志和电视使用的图像相比，有如下特点：

（1）信息量大。信息技术环境下所用的图片色彩丰富、层次感强，可以真实地重现生活环境（如照片），因此其承载的信息量较大。一般情况下，我们都是用数字技术把图片压缩并存储在服务器中，容量十分巨大。

（2）选择性强。静态图像非常逼真、生动、形象，可以提供较高质量的感知材料。图片多，传递的信息也多，受众在通过图片来获得信息时的选择余地就很大，受众可以根据自己的需要和爱好来挑选图片，将其保存到自己的计算机上，或者将图片打印出来，以后慢慢欣赏。

（3）受众可以对图片进行放大、缩小和编辑。报纸、杂志在刊登图片时，其大小是固定不变的，受众更不能对图片进行编辑。信息技术环境下所使用的图片受众可以点击将图片放大或缩小，也可以用专门的软件对其进行编辑和修改，如用 Photoshop 可将图片处理成油画效果、水彩画效果、浮雕效果等。显然，这是报纸杂志在使用图片时无法做到的。

3. 音频资源

音频就是声音，包括波形音频、CD-DA 音频和 MIDI 音频。波形音频是记录声音的最直接形式，对记录与播放的环境要求不高，因此在媒体教学软件中应用最多，缺点是数据量比较大。CD-DA 音频又称数字音频光盘，是高质量立体声的一个国际标准。MIDI 音频的播放需要借助解释器，因此对环境要求较高，但由于其数据量比较小，非常适合在呈现背景音乐的场合使用。

音频属于过程性信息，有利于限定和解释画面。音频在教学中如果应用得当的话，不仅能用于传递教学信息、调动学生积极使用听觉接受知识，还有利于集中学生学习的注意力、陶冶学生的情操、激发学生学习的潜力。

4. 动画资源

动画是通过连续播放一系列画面，给视觉造成连续变化的图画，是对事物运动、变化过程的模拟。它的基本原理与电影、电视一样，都是视觉原理。一般来说，用来传递信息的动画都需要借助专门的工具进行制作。这些动画，按动作的表现形式来区分，大致分为接近自然动作的“完善动画”和采用简化、夸张的“局限动画”；如果从空间的视觉效果上看，可分为平面动画和三维动画；从播放效果上看，可以分为顺序动画（连续动作）和交互式动画（反复动作）；从每秒播放的帧数来讲，还有全动画和半动画之分。

动画在制作过程中，忽略了事物运动、变化过程中的次要因素，突出强化了其本质要素。因此，有利于描述事物运动、变化过程。此外，经过创造设计的动画更加生动、有趣，有利于激发学习者的学习兴趣和积极性。

5. 视频资源

同动画媒体相比，视频是对现实世界的真实记录。视频具有表现事物细节的能力，适宜呈现一些对学习者感觉较陌生的事物，它的信息量较大，具有更强的感染力。通常情况下，视频采用声像复合格式，即在呈现事物图像的时候，同时伴有解说效果或背景音乐。当然，视频在呈现丰富色彩的画面的同时，也可能传递大量的无关信息，如果不加鉴别，便会成为学生学习的干扰因素。

（二）集成型教学资源

集成型教学资源一般根据特定的教学目的和应用目的集合而成，是一种将多媒体素材和资源进行有效组织的“复合型”资源。按照这些资源的实际应用形态，又可以将其分为课件与网络课件、案例、操作与练习型、虚拟实验型、微世界、教育游戏类、电子期刊类、教学模拟类、教育专题网站、研究性学习专题、问题解答型、信息检索型、练习测试型、认知工具类和探究性学习对象等。

下面就常用的集成型教学资源进行简单介绍：

第一，试题库：试题库是按照一定的教育测量理论，在计算机系统中实现的某个学科题目的集合，是在数学模型基础上建立起来的教育测量工具。

第二，试卷：试卷是用于进行多种类型测试的典型成套试题。

第三，课件与网络课件。课件与网络课件是对一个或几个知识点实施相对完整教学的用于教育、教学的软件，根据运行平台划分，可分为网络版和单机版运行的课件，网络版的课件需要能在标准浏览器中运行，并且能通过网络教学环境被大家共享。单机版运行的课件通过网络下载后在本地计算机上运行。

第四，案例：案例是指由各种媒体元素组合表现的有现实指导意义和教学意义的代表性事件或现象。

第五，文献资料：文献资料是指有关教育方面的政策、法规、条例、规章制度，对重大事件的记录、重要文章、书籍等。

第六，常见问题解答：常见问题解答是针对某一具体领域最常出现的问题给出全面的解答。

第七，资源目录索引：列出某一领域中相关的网络资源地址链接和非网络资源的索引。

（三）网络课程教学资源

网络课程指通过网络表现的、某门学科的教学内容及实施的教学活动的总和，它包括两个组成部分，即按一定的教学目标、教学策略组织起来的教学内容和网络教学支撑环境。其中网络教学支撑环境特指支持网络教学的软件工具、教学资源以及在网络教学平台上实施的教学活动。网络课程顺应人们需要终身学习的趋势，给人们随时获取新知识提供了便利和强有力的支持。

三、信息化教学资源的特点

传统的教学资源易受环境、条件的限制，如书本、报纸、杂志等时间长了易发黄；录像带或录音带上的内容，时间长了会因环境过于干燥而磁粉脱落，或因环境过于潮湿而发生粘贴等。随着信息技术的发展，现代信息技术环境下的教学资源，改善了传统教学资源的不足，尤其是在网络技术高度发展的今天，信息化教学资源具有以下特点。

（一）存储与传播的数字化

数字化是计算机数据处理和网络传播的本质特性。当今世界，各行各业的信息处理趋于数字化，由计算机和计算机网络构成的信息处理系统和信息传输系统已将世界的各个角落连为一个“村落”，在这个世界中，人们在信息处理、加工、传输等方面，都是以数字化方式进行的。正如构成物质世界的基本单元是原子一样，计算机处理的数据是以 0 和 1 两种状态存在的比特，构成网络信息世界的基本单元也是以 0 和 1 两种状态存在的。无论是形式多样的图像，还是悦耳动听的声音，归根到底都是通过 0 和 1 这两个数字信号的不同排列组合来表达。这使得信息第一次不仅在内容上，而且在形式上获得了同一性。

（二）教学资源的丰富性

网络空间无限，通过网络可传送多种媒体教学信息如文字、声音、视频、动画等，这不但打破了传统教育中单一的教学信息局面，而且极大地丰富了教学资源的种类，满足了不同层次学习者对学习的需求。同时，网络在信息传送方面非常迅速、快捷，这使得其能够快而新，并且丰富地反映当今科技的教学内容，不拘泥一地一校一专业的范围，可以通过模拟图书馆或教学资料库的形式，收集大量相关的专业知识资料，反映学科最新的发展动态，提供同一学科不同的教学内容。学习者可以及时获得适合自己的教学资源，如最新的教学大纲与构思、教学资料、网络教程、各种教学软件、各种参考文献、全国各地教育管理部门的各种教育政策和措施、研究项目、网络期刊、各种印刷物、各种动态信息（如新闻、会议通知、消息）等。

（三）教学资源的开放性

网络的飞速发展，使得硕大的地球变为地球村。因此，我们的教学资源也具有了前所未有的开放性，教学资源的开放性主要表现为，教学资源完全打破了传统的或者说物理上的空间概念。从北京到上海与从北京到纽约的距离，在网络上是一样的，真实的地理隔离不存在了，国界等限制也不存在了，网络上的教学资源可以随用随取。

（四）教学资源的可扩展性

传统的教学资源可加工性、处理性较弱，且不易推广应用，如教学挂图、教学模具等，很难进行再加工。信息化时代完全打破了传统教学资源的这种弊端，使得教学资源具有较大的可扩展性，学习者可在现有资源的基础上进行横向扩展和纵向的精加工，以满足不同学习者或同一学习者不同时期的学习需要。

（五）教学资源的再生性

信息时代是一个富有创造性的时代。信息时代的教学资源可以在学习者的积极参与下，通过学习者利用信息技术对知识的整合、再创造来实现教学资源的再加工、再创造，从而丰富其内容。

（六）教学资源使用的灵活性

计算机网络打破了传统教学资源在使用时的时空瓶颈，学习者在学习时可以自由选择课程、教师、学习进度和学习时间，可以从网上查询自己想学的课程和资料。学习者在网上学习既可以是实时的，即异地教师、学习者在同一时间进行教学活动；也可以是非实时的，即教师预先将教学内容及要求存放在服务器中，学习者根据自己的时间安排，在网上下载进行学习。只要有计算机、电话线及调制解调器的地方，都是学习的场所。同时学习者还可以通过网络向教师提出问题、和其他学生进行讨论。

（七）师生在学习活动中的交互性

传统教学中，师生虽可进行同步交流活动，但受到时间、地点的限制。信息技术环境下，网络资源一改以往书籍、报刊等印刷品以及广播电视等电子信息的单向传递方式，也不同于电话的必须同步的双向交流方式，利用网络工具进行教与学，打破了时空的界限，学习者可以用同步或不同步的方式进行学习，教师与学生、学生与学生之间可以进行双向和多向信息交流，双方可以采用文字、声音、视频等媒体进行信息的交流。

第二节　信息化教学资源的检索与获取

一、信息化教学资源的获取途径

信息化教学资源的来源主要有三个途径：一是将现有的教学资源进行数字化改造；二是师生创作的电子作品；三是由专业人员开发建设的教学资源。

（一）将现有的教学资源进行数字化改造

目前已有大量的媒体素材，但不同媒体素材的表现方式不同，特性也不一样，为了能将这些资源存储于教学资源库进行合理的应用，对它们的处理方式也不一样。

1. 文本素材类

如果是传统的文本素材，我们可以通过直接录入、利用 OCR（Optical Character Recongnition，光学字符识别）技术输入、语音识别、手写识别录入等方式将其转换为数字化素材，然后将其录入教学资源库进行存储。对于数字化文本，我们只需将它进行简单的加工处理，将其录入教学资源库即可。

2. 图像 / 图形类素材

对于传统的图形 / 图像类素材，我们可以通过扫描仪、数码照相机等将其转换为数字图像、图形素材，然后借助相关的图形、图像处理软件进行处理，再将其存储于教学资源库中。需要计算机抓图（即截图）的可以通过一些抓图软件进行抓取，如红蜻蜓抓图精灵、Easy Capture 等软件。

3. 音频素材

对于模拟音频，我们可以通过播放转录的方式将其数字化，或者通过相关的音频采集设备进行采集转换之后将其数字化，再转存至教学资源库。

4. 视频素材

已有的视频素材，如果是数字化的素材，可将其直接存入教学资源库；如果是非数字化的，可以通过视频采集设备将其转换成数字资源，再存入教学资源库。

（二）师生创作的电子作品

师生创作的电子作品，内容丰富，可以是教学课件、图像、图形、音频、视频等，这些作品如果是非数字化的，则按照前述方法进行转换存储；如果是数字化的，将其直接存入教学资源库。

（三）专业人员开发建设的教学资源

由专业人员开发建设的资源是数字化教学资源的主要来源，它的开发和建设步骤如下：第一，搜集各种形式的媒体素材，对素材进行分类与描述；第二，将各种零散的素材集成完整的教学资源单元；第三，对资源内容进行标引；第四，进行质量检查；第五，当资源制作完成后，需要将全部数字化文件归档，存入资源库。

中小学自建资源库中的教育资源主要来源于因特网、各类教育光盘、电教资料和教育软件、教师积累软件资料等几个方面。

（1）网上众多的教育网站是自建资源库重要的资料来源。尤其是一些有同步教学资源且资料优质的网站，如中央电教馆资源中心、中国中小学教育教学网等。

（2）各类教育光盘是由各出版社出版的正式电子出版物，如教育论文、多媒体课件等，不但品种较多，而且比较权威。各学科教学参考书附带的教学观摩光盘和教学课件光盘，都是教师和学校不可忽视与难得的资料，可以选择一些适合学校实际情况的教育光盘，将其中的资源导入资源库。

（3）每所学校都积累了大量的电教资料，如教学示教录像片、教学录音带和各种扩展学习的音像资料等。平时，由于受学习场地和时间的限制，这些音像资料的利用率是比较低的，现在可以将这些音像资料转制成数字文件加入资源库中，教师通过校园网就可以随时地调用这些教学资料供教学使用，学生也可以在个性化的学习中随时使用这些音像资源。

（4）教育软件主要有两大类，辅助教学软件和教学管理软件，可以将其中的一些资料性软件可以导入资源库。

（5）由学科老师协作开发的教育资源。教学资源库的建设必须由全体教师共同完成。通常学科教师是这类资源建设的主力军，他们经过教育技术理论与技术培训，掌握计算机操作技能，再结合丰富的学科教学经验，可以制作出教学所需的各类课件。

二、网络教学资源的检索

互联网上的信息资源广泛地分布在整个网络中，没有统一的组织管理机构，也没有统一的目录，更没有统一的分类标准。下面我们从万维网（World Wide Web，WWW）和非万维网两种类型的信息资源的角度来探讨网络信息资源的检索。

（一）万维网信息资源的检索

万维网信息主要以万维网站点（Web）上的资源为主。万维网检索工具常被称为搜索引擎。

1. 搜索引擎的概念

互联网的迅速发展，使得网上信息以爆炸性的速度不断丰富和扩展，然而这些信息却散布在无数的服务器上，就像散乱在海滩上的珍珠没有被“串”起来，使你无法收集甚至无法发现它们。如果你想将所有计算机上的信息进行一番详尽的考察，无异于痴人说梦。所以我们面临的一个突出问题是如何在上百万个网站中快速有效地找到想要得到的信息。

搜索引擎（Search Engine）正是为解决用户的查询问题而出现的。如果说互联网上的信息浩如烟海，那么搜索引擎就是海洋中的导航灯。只有通过搜索引擎的查询结果，用户才会知道信息所处的地点，才能去该网站获得详细资料。

2. 搜索引擎的主要作用及工作过程

搜索引擎是互联网上的一个系统，它的主要任务是在互联网上搜索 Web 服务器信息并将其自动索引，其索引内容存储于可供查询的大型数据库中。当用户输入关键字（Key word）查询时，该网站会告诉用户包含该关键字信息的所有网址，并提供通向该网站的链接。

对于各种搜索引擎，它们的工作过程基本一样，包括以下三个方面：

（1）“网页搜索程序”负责在网上搜寻所有信息，并将它们带回搜索引擎，每个搜索引擎都使用绰号为“蜘蛛（Spider）”或“机器人（Robots）”的网页搜索软件在各网址中爬行，访问网络中公开区域的每一个站点并记录其网址，从而创建出一个详尽的网络目录。各搜索引擎工作的最初步骤大致都是如此。

（2）将信息进行分类整理，建立搜索引擎数据库。在进行信息分类整理阶段，不同的系统会在搜索结果的数量和质量上产生明显的不同。有的系统是把“网页搜索软件”发往每一个站点，记录下每一页的所有文本内容；其他系统则首先分析数据库中的地址，以判别哪些站点最受欢迎（一般都是通过测定该站点的链接数量），然后再用软件记录这些站点的信息。记录的信息包括从 HTML（超文本标记语言，Hyper Text Markup Language）标题到整个站点所有文本内容以及经过算法处理后的摘要。当然，最重要的是数据库的内容必须经常更新和重建，以保持与信息世界的同步发展。

（3）通过 Web 服务器端软件，为用户提供浏览器界面下的信息查询。每个搜索引擎都提供了一个良好的界面，并具有帮助功能。用户只要把想要查找的关键字或短语输入查询栏中，并单击 Search 按钮（或其他类似的按钮），搜索引擎就会根据用户输入的提问，在索引中查找相应的词语，并进行必要的逻辑运算，最后给出查询的命中结果（均为超文本链形式）用户只需点击前往搜索引擎提供的链接，马上就可以访问到相关信息。有些搜索引擎对搜索的范围进行了分类，查找可以在用户指定的类别中进行，这样可以提高查询效率，搜索结果的“命中率”较高，从而节省了搜寻时间。

3. 优秀搜索引擎的特点

目前各种各样的中西文搜索引擎有十几种或更多，比较著名的搜索引擎有百度、Yahoo、Excite、Infoseek、Lycos、Alta Vista 等。每个搜索引擎都有其各自的特点，有的以查询速度快见长，有的以数据库容量大占优，但总而言之，一个优秀的搜索引擎应具有以下几个特点：

（1）支持全文检索（Full Text Search）。全文搜索引擎的优点是查询全面而充分，用户能够对各网站的每篇文章中的每个词进行搜索。当全文搜索引擎遇到一个网站时，会将该网站上所有的文章（网页）全部获取下来，并收入引擎的数据库中。只要用户输入查询的“关键字”在引擎库的某篇文章中出现过，则这篇文章就会作为匹配结果返回给用户。从这点上看，全文搜索真正提供了用户对互联网上所有信息资源进行检索的手段，给用户以最全面最广泛的搜索结果。全文搜索的缺点是提供的信息虽然多而全，但由于没有分类式搜索引擎那样清晰的层次结构，有时给人一种繁多而杂乱的感觉。

（2）支持目录式分类结构（Directory）。分类搜索引擎的优点是将信息系统地分门归类，当遇到一个网站时，它并不像全文搜索引擎那样，将网站上的所有文章和信息都收录进去，而是首先将该网站划分到某个分类下，再记录一些摘要信息（Abstract），对该网站进行概述性的简要介绍。最具代表性的目录式分类搜索引擎是 Yahoo 网站。分类搜索引擎可以使用户清晰方便地查找到某一大类信息，这符合传统的信息查找方式，尤其适合那些“希望了解某一方面或范围内信息，并不严格限于查询关键字”的用户。但目录式搜索引擎的搜索范围较全文搜索引擎要小许多，尤其是当用户选择类型不当时，这样有可能遗漏某些重要的信息源。

（3）能够区分搜索结果的相关性（Pertinency）。搜索引擎应该能够找到与搜索要求相对应的站点，并按其相关程度将搜索结果排序。这里的相关程度是指搜索关键字在文档中出现的幅度，最高为 1。当频度越高时，则认为该文档的相关程度越高。但目前的搜索引擎还不完全智能，除非你知道要查找的文档标题，否则排列第一的结果未必是"最好"的。所以有些文档尽管相关程度高，但并不一定是用户更需要的文档。

（4）检索方法多样、查找手段完备。有些性能完善的搜索引擎不仅能检索互联网上的文献，还能查找公司和个人的信息；不仅能检索 Web 页面，还提供对新闻组内文章的查找服务；不仅能输入单词、词组或句子进行检索，还能指定多个单词之间的逻辑组配及其位置关系；不仅能以词语查询有关主题的页面信息，也能以特定的域名、主机名、URL（Uniform Resource Locator，统一资源定位符）查找有关信息。此外，还可以对被检索文献发表的语种、日期等进行限制。

（5）其他性能。一个优秀的搜索引擎产品还必须查询速度快，具有较好的可维护、可更新性能。系统必须稳定可靠，具有完整的容错、备份、崩溃修复机制，系统即使出错，也可以得到迅速的恢复。如果作为商业投资，希望以尽量少的投资和较高的性能营运一个搜索引擎，性价比也是重要的影响因素。

4. 搜索引擎的语法规则

搜索引擎一般通过搜索关键词来完成自己的搜索过程，即输入一些简单的关键词来查找包含此关键词的文章或网址。这是使用搜索引擎最简单的查询方法，但返回结果并不是每次都令人满意。如果想要得到最佳的搜索效果，就要使用搜索的基本语法来组织要搜索的条件。

（1）使用逻辑运算符。搜索引擎中常用的逻辑运算符是 AN、OR 和 NOT。AND 表示逻辑"与"，可用"&"表示。AND 运算符用于搜索包括两个以上关键词的情况，可以帮助改善并限制搜索结果。例如，"计算机 and 设计"，则查询出既包含"计算机"也包含"设计"的文档。OR 表示逻辑"或"，可用"and"来表示；OR 运算符与 AND 运算符相反，OR 寻找用 OR 连接的几个关键词中至少包含一个的文档。当使用 OR 运算符时，通常返回大量的结果。例如，"图形 or 图像"，则查询结果为或者包含"图形"或者包含"图像"的文档。NOT 表示逻辑"非"，可用"！"来表示。使用 NOT 寻找包含 NOT 前的关键词但排除 NOT 后的关键词的文档。例如，"新闻 not 经济"，则查询结果为包含"新闻"但排除其中有"经济"这个词语的文档。在使用运算符时建议最好用 AND、OR、NOT 而不用符号来表示，因为单词容易记忆而且对其他的搜索要求也通用。

组合逻辑运算符时，还应当考虑它们的顺序规则。因为逻辑操作符优先级不同，执行时便有一定的顺序，"与"和"非"命令通常在"或"命令前执行。

（2）使用"＋、－"连接号和通配符。如果要求特定单词包含在索引的文档中，可以在它前面加一个"＋"号，并且在＋号和单词之间不能有空格。

排除的单词：如果要排除含有特定单词的文档，可以在它前面加一个"－"号例如，想查找联想的计算机产品而不含有"天琴"系列，应这样写"＋联想－天琴"。

通配符：进行简单查找的时候，可以在单词的末尾加一个通配符来代替任意的字母组合。通配符一般为“*”号，如 Compu* 可以代表 Computer、Compulsion 等，星号不能用在单词的开始或中间。

（3）NEAR 操作符。有些搜索引擎提供了 <NEAR >操作符，它用于寻找在一定区域范围内同时出现的检索单词的文档。但这些单词可能并不相邻，间隔越小的排列位置越靠前。其彼此间距控制是：<near > /n，n 为数值，意为检索单词的间距最大不超过 n 个单词。例如：“computer NEAR/100game”，即查找 computer 和 game 的间隔不大于 100 个单词的文档。

（4）使用逗号、括号或引号进行词组查找。逗号的作用类似于 OR，也是寻找那些至少包含一个指定关键词的文档。不同的是“越多越好”是它的原则。因此查询时找到的关键词越多，文档排列的位置越靠前。

括号的作用和数学中的括号相似，可以用来使括号中的操作符先起作用。例如，输入“（网址 or 网站）and（搜索 or 查询）”，则实际查询时关键词就是“网址搜索”“网址查询”，或者是“网站搜索”“网站查询”。

使用引号组合关键词，可以告知搜索引擎将关键词或关键词的组合作为一个字符串在其数据库中进行搜索。例如，要查找关于电子杂志方面的信息，可以输入“electronic magazine”，这样就把“electronic magazine”作为一个短语来搜索。相反，如果不加双引号，搜索引擎就会查出包含 electronic（电子）及 magazine（杂志）的网页，会严重偏离主题。

（5）不要滥用空格。在输入汉字作为关键词的时候，不要在汉字后追加不必要的空格，因为空格将被认作特殊操作符，其作用与 AND 一样，如果你输入了关键词“飞 机”，那么它不会被当作一个完整词“飞机”去查询，由于中间有空格，会被认为是需要查出所有同时包含“飞”“机”两个字的文档，这个范围就要比“飞机”作关键词的查询结果大多了，更重要的是它偏离了本来的含义，所以关键词输入应为“飞机”。

以上是使用各种搜索引擎的基本语法，但也有例外，具体可参考每个搜索引擎的在线帮助。

（二）非万维网信息资源的检索

非万维网信息资源包括：FTP（File Transfer Protocol，文件传输协议）资源、USENET/News group（新闻组）、LISTSERV（电子邮件群）、Mailing list（用户邮件组）、Telnet 资源、Gopher 资源、WAIS（Wide Area Information Server，广域信息服务器）资源。

1. 查询 FTP 文件的检索工具

FTP 是互联网使用的文件传输协议，主要用于传送程序软件和多媒体信息，它采用万维网作为用户界面，运作以大容量和高速度为特点，是获取免费软件和共享软件资源必不可少的工具。FTP 有两种不同的工作方式，一种是在互联网任意两个账户之间传送文件，这要求知道两个账户的口令；另一种是匿名 FTP，匿名 FTP 网点允许任何人连入此系统并下载文件，在匿名 FTP 中包含了庞大的有用信息，从中可以找到研究论文、免费软件、会议记录及其他信息。但信息定位较困难，可用专门的检索工具帮助定位，如 ArchiePlex、File zilla 等。对于中文 FTP 信息的搜索可用北京大学的“天网搜索”中的“FTP 搜索”。

2. 查询 USENET 的检索工具

新闻组（USENET）由成千上万个兴趣小组（News group）组成，每个兴趣小组每天来往信息的总量可多达上百条至上千条，如此多的信息汇集在一起，构成一个巨大的信息库。因此，相当一部分综合型检索工具（例如 Alta Vista 和 Infoseek）都把 USENET 信息纳入了自己的收录范围，人们在使用时只需在预先设置好的检索范围内加以选择即可。用于检索新闻组的专门检索工具有 Deja News、Tile.net 等。

3. 查询邮件群 LISTSERV 和邮件列表 Mailing list 的检索工具

虽然邮件群（LISTSERV）和邮件列表（Mailing list）的规模都不如 USENET 大，但它们日积月累的信息也非常可观，具有很大的参考价值。专用的检索工具有 Liszt、L–Soft 等。

4. 查询 Telnet 的检索工具

Telnet 信息资源是指借助远程登录（Remote Login），在网络通信协议（Telecommunication Network Protocol）的支持下，登录远程计算机，可以访问、共享远程系统中对外开放的资源。Telnet 系统虽然已呈逐步被万维网系统所取代的趋势，但作为网络信息资源一个历史悠久的部分，仍具有了解和使用的意义，特别是在许多公共性质的信息检索系统中，如图书馆系统等。Telnet 的主要检索工具是 Hytelnet。

5. 查询 Gopher 的检索工具

Gopher 是一种简单的网络服务，它提供给网络丰富的信息，允许用户以一种简单、一致的方式快速找到并访问所需的网络资源。查询 Gopher 资源可用 Jughead 等。

6. 查询 WAIS 的检索工具

WAIS 是一个分布式信息检索系统，可检索 500 多个索引数据库，涉及的内容范围极大，适合检索文本文件、阅读世界各地的报纸、扫描各种专业数据库。查询 Internet 的 WAIS 资源可用 WAIS Search Directory 等。

（三）网络信息检索策略

信息检索策略，是为实现检索目标所制定的对检索全过程具有指导作用的整体计划、方案和安排，其中包括提问式分析、检索词及其关系的确定、检索步骤安排等。检索策略对整个检索过程会产生重要影响，并直接决定检索效率和检索质量。无论是普通用户还是专业用户，掌握并运用网络信息检索策略，将花费最少的时间、精力、金钱，获取最有用的信息。网络信息检索策略的制定方法如下。

1. 确定检索目标

网络信息的查询应该具有明确的查询目的和对象，目的不同、查询对象不同，往往需要选择不同的检索工具和检索方法。只有更多地分析并了解检索对象、明确检索目标，才能更好地确定所需信息的类型、学科范围、内容特征、查询方式查询范围、查询时间及采用何种限制条件、使用何种检索提问式等。

2. 选择检索途径

通过对检索对象的分析可以获得明确的检索目标，就可以选择以下一种或综合使用几种检索途径来获取所需信息。

（1）直接访问相关站点：在平时上网的过程中注意收集一些专业性网站的网址，在需要时直接进入网站查询。

（2）使用网络资源指南（Resource Guide）：网络资源指南基于专业人员对网络信息资源的产生、传递与利用机制的了解，还基于对网络信息资源分布状况的熟悉以及对各种网络信息资源的采集、组织、评价、过滤、控制和检索等手段的全面把握，从此开发出的可供浏览和检索的网络资源主题指南。综合性的主题分类树体系的网络资源指南，如 Yahoo 等是广为人知的，还有 The WWW Virtual Library，The Argus Clearinghouse 等都具有广泛影响，并受到普遍欢迎。而专业性的网络资源指南就更多了，几乎每一个学科专业、重要课题、研究领域的网络资源指南都可在互联网上找到。

（3）使用搜索引擎：是较为常规、普遍的网络信息检索方法。为用户提供的关键词、词组或自然语言检索，根据用户提出的检索要求，搜索引擎代替用户在数据库中进行检索，并将检索结果提供给用户。

利用搜索引擎检索的优点是省时省力、简单方便、检索速度快、范围广、能及时获取新增信息。其缺点在于搜索引擎采用计算机软件自动进行信息加工、处理且检索的智能性不是很高，造成检索的准确性不理想。

（4）使用非万维网检索工具：对同一查询目标，尽量选择多种检索工具从不同的角度去检索。如用北大的“天网搜索”直接进行“FTP 文件搜索”。

（5）使用光盘数据库检索和国际连机检索：光盘数据库国内的有《中国学术期刊（光盘版）》《万方数据库》《人大复印资料系列光盘数据库》等，可供查找较专业性的资料。国际联机检索系统 DIALOG，无论数据量还是使用频率均居世界各检索系统的首位，其检索软件成熟、学科范围广、数据质量可靠且权威性高。对专业信息的查询使用光盘数据库和国际连机检索可以获得较为准确而且全面的信息。

3. 运用检索技巧

无论使用搜索引擎还是非万维网检索工具进行信息检索，运用一定的检索技巧是非常必要的。

（1）选择合适的检索词有利于提高检索的精确度、准确性，如选专指词、特定概念或非常用词等。

（2）构造恰当的检索提问式，如使用布尔逻辑运算中的 AND、OR、NOT 或使用双引号将需要检索的词组或短语标出。

（3）使用加权检索限制必须出现的检索词和必须不出现的检索词；利用同义词、近义词进行扩检；就同一检索提问式访问多个数据库。

（4）概念查询使用 Excite；细节查询或强调获取较为具体、特定的信息时，使用 Alta Vista 等索引性较强的检索工具。

（5）中文信息检索使用中文搜索引擎。如天网搜索侧重于学术信息；中经网导航是较系统全面的经济、法规搜索引擎；中国网友 Chinapartner 提供中文、经济娱乐方面的导航等。这些都是较实用的中文信息检索工具。

（6）尽量使查询条件具体化，根据需要选择网页搜索、网站搜索等。

（7）寻求网上帮助。使用 BBS 电子公告牌、E-mail、QQ，或者访问专门回答问题的网站。

（8）关闭 Internet Explore 高级属性中的多媒体选项，采用纯文本传输以提高网络传输速度等。

第三节　教学资源库建设的原则与保证

一、信息化教学资源库概述

教学资源库概念的提出至今已经发展了很多年。1998 年，教育部制定《面向 21 世纪教育振兴行动计划》，提出要重点建设全国远程教学资源库和若干个教育软件开发生产基地，自此揭开了我国教学资源库建设的序幕。2000 年，我国校园网建设掀起热潮，资源库建设被正式纳入议事日程。随着我国远程教育的迅速发展，许多企业意识到了资源库建设所带来的巨大市场潜力，纷纷参与到资源库建设中来。然而最初的教学资源库只是将多媒体课件中包含的内容进行简单的资源组合，由于未按严格的标准对资源库中的资源进行筛选和控制，使得资源库中的资源质量低，未能达到预期的使用效果。自 2000 年 5 月教育部现代远程教育资源建设委员会颁布《现代远程教育资源建设技术规范》后，建设者才开始按照国家标准进行标准化教学资源库建设。近几年，一些开发者又提出将计算机智能、数据挖掘等信息技术手段融入资源库的开发中，创建出具有知识管理功能的教学资源库。

目前，教学资源库开发的重点从最初的内容开发转移到了资源平台开发，以资源管理平台和资源应用平台两方面内容为主。在技术标准上也开始逐步与国家资源建设标准接轨，采用与国家资源技术标准统一的数据结构，同时也使用一些先进的开发技术，增强了新产品的兼容性和先进性。

信息化教学资源库的建设有四个层次的含义：第一层是素材类教学资源建设，主要包括媒体素材、试题、试卷、文献资料、课件与网络课件、案例、常见问题解答和资源目录索引；第二层是网络课程建设；第三层是资源建设的评价；第四层是教育资源管理系统的开发。在这四个层次中，网络课程和素材类教学资源建设是基础和核心，第三层是对教学资源的评价和筛选，第四层是工具的建设。

纵观教学资源库的发展历程，我们可以看出，教学资源库的发展具有以下特点。

（一）资源库建库理念以服务为中心

教学资源库建设的最终目的是服务于教学，树立以“服务”为中心的开发理念，将是教学资源库的一大特征。当前网络教育中存在着种种弊端，因此人们对“服务”意识的呼声越来越高。资源库开发作为开展网络教育的基础，应不断加强这种意识。

（二）资源库建设越来越趋于智能化

分散零乱的资源给人们带来的是诸多的不便，这些不便不仅是对使用者的不便，同样表现在管理者的不便。目前，人们对资源库的依赖程度还不太高，但随着对资源库认识不断深化，人们对资源库的依赖程度不断增强，势必对资源库的开发提出更高的要求。只有把一些智能化的技术融入资源库开发中，才能满足用户不断增长的需求。智能化的教学资源库将为人们提供更加高效、方便、个性化的服务。

（三）资源库建设更加系统化、标准化和规范化

现有的教学资源库建设规范与标准的推广、试用将极大地促进资源库开发的系统化、规范化和科学化。按照相同的标准开发建设的资源库系统遵照相同的定义和准则，所以能够方便地实现数据资源交换与共享，有效地解决资源库扩展问题。

（四）资源库建设趋于协作式开发

与用户需求脱节是现有资源库存在的一个普遍问题。为使所开发的教学资源库得

到更广泛用户的接受，与用户协同开发无疑是一种非常有效的解决方式。通过网上交流平台，开发者可以适时了解用户的需求，而一些具有丰富教学经验的教师用户也可以通过资源发布平台将自己的资源方便地发布到网上，这对教学资源库的内容将是很好的扩充。

（五）资源库建设更加普及化、特色化

信息时代，我国各级各类学校的教学方式和学习方式发生了很大的变化，特别是数字化教学资源已得到了越来越多的应用，开发更多的教学资源库将是未来教学和学习所必需的。因此，教学资源库开发的普及化将是形势所趋。与此同时，应将信息技术教育融入资源库应用中，以提高用户的信息技术能力，使教师能顺利使用各种技术工具对一些有用、好用的教学素材进行创造性、个性化和智能化的组合，设计出大量富于创意的多媒体教学资源。

二、信息化教学资源库建设的意义

信息化教学资源库建设是一项功在当代、利在千秋的好事。正确认识信息化教学资源库建设的意义将有助于信息化教学资源库的开发建设。信息化教学资源库建设的意义体现在以下几个方面。

（一）信息化教学资源库建设是教育信息化的重要组成部分

教育信息化是指在教育过程中，较全面地应用以计算机多媒体和网络通信为基础的现代化信息技术，促进教育的全面改革，使之适应正在到来的信息化社会对教育发展的新要求。教育信息化建设是一个关系到整个教育改革和教育现代化的系统工程，它包括信息化的基础设施及硬件环境建设，教育、教学资源库建设，信息化人才培养和培训以及信息化政策、法规和标准制定。其中，教学资源库建设是教育信息化的基础，教学资源库的建设质量在很大程度上决定了信息技术与各学科教学相整合的水平，即教育信息化的水平。

（二）信息化教学资源库建设促进了教育观念的更新

信息化教学资源库建设能为学生提供网状的信息环境和丰富生动的多媒体世界，打破了学生传统思维的线性逻辑，促进了非线性思维观。信息化教学资源的网络化提供了多样化学习和跨学科、跨文化的交流，促进了开放式学习观。丰富的教学资源使学生接受知识的范围大大拓宽，改变了人们接受教育的形式，促进了自我教育观的形成。信息化教学资源网络可以成为人们终身学习的课堂，促进终身教育观的发展。

（三）信息化教学资源库建设促进了教学模式的重塑

教学模式是指在一定的教育思想和理论指导下，在某种环境中展开的教学活动进程的稳定结构形式。信息化教学资源库的发展使适用于网络环境的教学模式不断应用于教与学，如网络化协作学习模式、探索式学习模式等，而且应用信息化教学资源重新设计教学过程，为真正实现“教为主导，学为主体”的教学过程创造了客观条件。

三、信息化教学资源库建设的原则

教学资源库建设必须符合基础教育改革与发展的总体规划，必须服务于素质教育的整体目标，必须全面支持信息技术与课程整合。为实现这样的目标，教学资源库的建设必须至少要对资源库建设的目的性、科学性、先进性和知识服务的完备性等进行深入考虑。

（一）教学性原则

教学资源库的建设是为教师的教与学习者的学服务，因此资源库建设首先应考虑的就是其目的性问题，即资源库建设的教学性问题。

教育教学资源库建设的根本目标是推进教育改革，使教育符合现代社会发展的需求，提高教育教学质量。为此，在建设资源库时，要根据教学设计对各种资源进行选择、处理，强调“质”，使资源有用、适用，还要“瘦身”。同时，必须支持创造性教学和探究性学习，建构生动科学、多向互动的教与学环境，把教师从繁重的重复性劳动中解放出来，把学生从灌输式教育和题海中拯救出来，充分激发教师和学生两个主体的创造性。

（二）科学性原则

资源库建设必须具有科学性，无论是引导学生学习自然科学还是人文科学，还是掌握如何学习的科学方法，培养自主探究和创新的能力都离不开“科学”两个字。教学资源库的建设，要在允许误差的范围内准确地表述知识的内容。这是教学资源与一般娱乐性、游戏性资源的重要区别。

资源库建设应能正确反映科学知识原理和现代科学技术，并做到“生动活泼、喜闻乐见的形式与科学、健康内容的统一”，克服以往不少教学中仅仅“一张嘴、一支笔”的弊端，摒弃缺乏科学性的那些资源。

（三）先进性原则

首先是教育理念上的先进性，因为除了知识的科学性之外，教学逻辑模型是否符合教学规律、是否符合学生的认识规律，也有科学性的问题。当前的某些资源库还在重复以往教学中存在的落后理念，例如，不能体现“教师为主导、学生为主体的双主模式”，不能培养学生自己通过观察获得信息和通过自己思考加工信息、建立概念和发现规律的能力。

此外，优秀的资源库可以发挥计算机的信息处理与图像输出功能，以生动的动态形象信息来揭示复杂的过程，这就在感觉与思维之间架起了桥梁，激发学生的学习兴趣，提高学习的主动性、积极性。用科学动态模拟技术和智能化技术，才能使资源库保证满足科学性和教育理念的先进性，也才能保证资源库的标准化。

（四）开放性原则

资源库建设主要为了服务于教师的教和学习者的学，因此要确保资源库在任何时候、任何地方，任何师生都可以将自己的电子作品纳入其中。

（五）知识服务完备性原则

资源库建设要提供全面的知识服务。优秀的资源库不但向教师提供离散的信息，提供一般的“信息服务”，而且还要向教师和学生提供更高层次的“信息服务”，也就是“知识服务”。资源库提供给教师的不应该只是“收集”到的信息和将收集到的信息进行简单“组合”的服务，而应该是根据学科教育目标，按照教学设计、教育改革需求对信息进行“整合”

除了这四个要点，资源库建设标准还有实用性、系统完备性等要求。不管怎样，资源库的建设都不可能“一蹴而就”或者“一劳永逸”。我们提倡在资源库建设中坚持“技术标准开放、研发机制开放”的原则，防止“夜郎自大”和“闭门造车”。

（六）经济性原则

教学资源库的建设是一项非常耗时耗力的工作，需要投入大量的人力、物力和财力，它既有前期的整理、开发等工作，还有后期的维护、更新和管理等工作。教学资源库开发时就要经过精心的需求调查、设计，优化开发设计人员结构、资源组织管理结构等，尽量以最少的投入开发出高质量、高性能的教学资源。

四、信息化教学资源库建设的保证

教学资源库建设是一项复杂细致的工作，要想开发出科学合理的教学资源库以满足教育教学的需求，需要做大量的工作。

（一）成立专门的管理班子

信息化教学资源库的建设和管理必须有专门的管理班子。在教学资源库的建设过程中，存在着许多问题，如各个部门的联系、各种资源的搜集、界面的设计、程序的设计、资源的整体把关、资料的电子化转换等，这些问题的解决都需要一个集分工、合作、开发、管理于一体的组织。科学合理地组建领导管理班子，是教学资源库顺利开发的关键。

（二）选择良好的资源开发模式

教学资源库为教学服务提供一个良好的访问平台。资源的组织有多种形式，可以用客户浏览器模式开发，也可以用客户服务器模式开发。客户浏览器模式只需要用户知道资源服务器的地址，就可以如正常上网一样浏览共享资源；而客户服务器模式需要分别编写客户端和服务器端，同时还要求客户会安装客户端程序，给用户的使用带来不便。本着一切为客户着想的理念，我们建议开发者尽量以客户浏览器方式进行开发，为用户提供更大的方便。如按专题建立网站，以 Web 教材形式对专题研究方法进行指导，这种网站既可作为课堂教学的补助，又可延伸到课外让学生自主学习。

（三）以校园网为依托，建立一个高效的功能完备的资源系统

如今各级各类学校都已基本拥有了自己的校园网，校园网对教学的最大好处就是快捷、方便、迅速。充分发挥校园网的功能和优势，是教学资源库建设应考虑的基本点之一。我们倡议建立一个高效的功能完备的资源系统，特别是建立起一个以校园网网站搜索为主的收集参考资料的查询系统，提高信息的收集加工能力，有效地整合因特网资源，形成快速高效的专题资料库。

（四）组建一个优秀的开发小组

教学资源库系统的开发不能由一个人来完成，需要组建一个合理且优秀的开发小组。这个开发小组应包含一线的各学科教学骨干、程序开发人员、美术设计人员等多方面的人才，以便共同研究、共同探讨。例如，要求各科目老师按照科目将自己开发的课件存储于网络服务器中的相对应分类位置，一定时间后再组织专家进行筛选、评定或整合，储存优秀课件。

（五）加强教师培训，提高教师信息素养

提高教师信息意识和提升教师信息素养是信息化教学的关键，同时也是教学资源库开发、应用的根本。因此，要完善教师培养体系、提升教师信息技术水平、提高教师信息素养，要帮助和要求教师认识到网络信息资源的特点和组织方式，和以网络实现教学资源共享的途径和方法等，让他们踊跃地参与到这一进程中来。

五、信息化教学资源库建设中应注意的几个问题

为了确保信息化教学资源库的顺利建成并保障其应用，我们特别强调，在资源建设的过程中应注意以下问题。

（一）明确指导思想

信息化教学资源库是本着为教学服务的思想开发建设的，而教学中对教学资源的使用效果主要体现在学生身上，这就要求我们在教学资源库建设时以认知学习理论为指导，特别是建构主义理论。建构主义理论认为，学习是在教师的指导下、在特定的情境中通过学习者与教师、与其他学习者之间的主动协作交流进行知识意义的构建过程。它既强调了学生的学习主体作用，又重视了教师的指导主体作用。以建构主义理论为指导思想，既可以在教学中体现师生的双主体双边活动，有利于学习者学习效果的提高，同时又有利于学习者课后进行自学或协作式学习。

（二）倡导“利用现有、校本研发、企业合作、个人参与”的开发理念

教学资源库的建设是一个动态的不断完善的过程，不可能一蹴而就。因此，我们建议各级各类学校在进行教学资源库建设时注重四个方面：一是积极利用已有的教学资源。随着教育技术的发展，目前已有大批丰富的音频、视频、图像等教学资源，我们要充分利用这些已有的资源来开发新的教学资源。二是联合企业进行研发。随着知识经济时代的来临，许多高科技企业已经加入信息化资源库的开发和建设之中，如科利华集团、洪恩等。他们拥有雄厚的资金，同时还拥有大量的高水平科技人才，借助他们的优势可以开发出高质量、高水平的信息化教学资源，满足信息社会日益增长的学习需求。三是积极进行校本资源研发。对于校本资源的开发，可以组织专门的开发团队进行研发，也可以申报国家、省市教育部门资助的课题，有组织有系统地开发，充分发挥各自的领域优势，进行科学、合理的开发和建设。四是鼓励教师按知识点开发。信息化教育的一个显著特点，就是最大限度地调动每一位学习者的潜能，但学习者认知能力存有差别，再好的课件也难以满足每一位学习者的需求，因此有条件的学校应鼓励广大教师利用信息化工具，按学习者的知识点开发教学资源，以使每一位学习者都成为学习的成功者。

（三）使用一些通用的标准对教学资源进行规范管理

教学资源库的建设应在合理的规划下进行，并遵循一定的建设规范。各级各类学校在建设本校教学资源库时，可以遵照国家制定的教学资源库规范进行开发建设，也可以在此基础上制定符合本校的教学资源库规范，突显本校的特色、突显资源的易用

性、彰显资源的合理性。

（四）突显教学特性

信息化教学资源库服务于教学，因此要突显教学性。一是注重人的主体性。要想将教学资源合理应用于课堂，就要充分体现面向 21 世纪尊重人、以人为主体的教育思想，就要充分发挥师生的主体作用、主人翁意识，切实将教学设计和学习理论运用于教学实际，真正做到以不变（教学资源）应万变（教学实际）。这样才能使计算机成为课堂教学的有力工具，成为教师和学生个性与创造性充分发挥的技术保障。二是注重资源的通用性和灵活性。教学资源与教材版本无关，因为它以知识点为分类线索，因此，无论教材课程体系如何变化，教材版本如何变化，教学资源都可被师生应用于当前教学活动中。三是注重资源的基元性与可积性。教学资源素材越是基本的，附加的边界约束条件越少，其重组的可能性就越大。例如，一段下雨的素材（图片、动画、电视），语文教师可用来讲散文、古诗和作文的意境；生物教师可用来讲生态；地理教师可插入到气候的课程演示中；物理课可讲解水的状态变化和落体运动。如果让学生来发表意见，则可以提出上百种创意，甚至教师和专家们也意想不到。四是注重资源的开放性和自繁殖性。教学资源以基元方式入库供教师重组使用，因而在任何时候、任何地方，任何教师（学生）都可以将最新的信息和自己的作品添加入库，只要确立了教学资源的信息标准和入库规范，教学资源在教学活动中就自然具有开放性和自繁殖性。随着计算机技术的发展和全体师生的参与，教学资源的迅速发展将超乎想象，就像今天互联网上的信息爆炸一样。五是注重资源的实用性和易用性。教学素材和解决重点难点问题的微课件库与教学思想基本无关，每个教师都可以使用。

一般教师只需掌握简单的组合平台软件，就能够将教学资源以插件的形式很方便地插入课件当中，未来的组合平台软件会让教师在使用软件时像搭积木那样方便。

（五）知识产权的保护

知识产权，指权利人对其所创作的智力劳动成果所享有的占有、使用、处分和收益的权利。各种智力创造（如发明、文学和艺术作品，以及在商业中使用的标志、名称、图像以及外观设计）都可被认为是某一个人或组织所拥有的知识产权。教学资源库建设中所涉及的各种图像、声音、视频等资源都应有相应的版权保护。开发者要提高自己的知识产权保护意识，注重在资源的开发和使用过程中，保护自己的正当权益，使所开发的资源得到合理正当的使用。

第四节 信息化教学资源库的建设标准

一、国外主要的信息化教学资源标准

（一）LOM 模型

LOM（Learning Object Metadata，学习对象元数据模型）由 IEEE LTSC（Learning Technology Standards Committee，学习技术标准委员会）于 1998 年 3 月发布，2002 年 6 月成为 IEEE 标准。它是当前最重要的网络教育资源数据模型，具有很强的通用性和参考价值，主要用于规范以下九个方面的数据信息。

1. 通用信息（General）：对所有学习对象通用属性的描述信息，如标识、标题、关键字等。

2. 生存期信息（Life Cycle）：描述学习对象的历史与现状，以及对它的改变起到作用的个人或组织的信息，如版本号、状态、日期、创建信息等。

3. 元—元数据（Meta-Meta data）：关于元数据记录本身的一些信息。

4. 技术信息（Technical information）：有关学习对象的技术要求和特征的信息，如格式、大小、位置等。

5. 教育信息（Educational）：有关学习对象的教育或教学方面特性的信息，如交互类型、交互程度、语义密度、难度、学习时间等。

6. 权利信息（Rights）：有关学习对象知识产权和使用条件方面的信息。

7. 关系信息（Relation）：描述一个学习对象与其他学习对象的关联信息，如相关类型、关联资源等。

8. 注释信息（Annotation）：描述学习对象在教育应用方面的有关评论信息，如评论人、评论时间等。

9. 分类信息（Classification）：描述学习对象在特定的分类系统中所处位置的信息。

（二）Dublin Core 模型

Dublin Core 是一个致力于规范互联网资源体系结构的国际性联合组织。它定义了一个所有资源都应遵循的通用的核心标准，标准内容较少而且也较为通用，因此得到了其他相关标准的广泛支持。其他关于学习资源的数据标准，基本上都兼容 Dublin Core 标准，并对其进行了扩展。Dublin Core 规定了基于 Web 资源的 15 个方面的信息。

1. 标题（Title）：资源的名称。

2. 创建者（Creator）：资源的创建者。

3. 主题（Subject）：资源的主题内容。

4. 描述（Description）：资源的内容、介绍信息。

5. 出版者（Publisher）：正式发布资源的实体。

6. 贡献者（Contributor）：资源生存期中做出贡献的实体。

7. 日期（Date）：资源生存周期中的一些重大日期。

8. 类型（Type）：资源所属的类别。

9. 格式：（Format）：资源的物理或数字表现。

10. 标识符（Identifier）：关于资源的唯一标识。

11. 源信息（Source）：资源的来源。

12. 语言（Language）：资源的语言类型。

13. 关联（Relation）：与其他资源的索引关系。

14. 覆盖范围（Coverage）：资源应用的范围。

15. 权限（Rights）：使用资源的权限信息。

二、国家网络教育资源建设规范介绍

2002 年中华人民共和国教育部现代远程教育标准化委员会（现改为全国信息技术标准化委员会教育技术分委员会）制定了《教育资源建设技术规范》（CELTS-41）和《基础教育教学资源元数据应用规范》（CELTS-42）。它们都在《学习对象元数据规范》（CELTS-3）的基础上，分别作为高等教育和基础教育的学习对象元数据规范，针对具体的教育资源建设，提出非常具体的资源属性标准，具有很强的实践指导意义。

《教育资源建设技术规范》是为了配合现代远程教育资源建设工程而制定的资源开发指导规范，其主要目的是统一各学校开发网络教育资源的行为，使各学校的资源能够在大范围内共享，其主要核心是按照资源类型的不同，制定一系列相关的资源属性标注标准，主要侧重点在于统一资源开发者的开发行为、开发资源的制作要求、管理系统的功能要求，而不是规定软件系统的数据结构。

《教育资源建设技术规范》主要从四个角度出发进行规定：一是基于资源的技术开发角度，提出一些最低的技术要求；二是基于使用用户的角度，为方便使用这些素材而标注素材属性，并从可操作性的角度出发规范属性的数据类型及编写类型，这一部分主要参考了 IEEE 的 LOM 模型，从制作素材简便性、使用素材方便性的角度上选取了一些最为普通的元素，选取的属性基本上是 LOM 模型的一个小子集；三是基于资源评审者的角度，提出教学资源的评价标准，作为用户筛选资源的直接依据；四是基于管理者的角度，提出了管理这些素材的管理系统以及远程教育工程的教学支持平台所应具备的一些基本功能。《基础教育教学资源元数据应用规范》是结合我国基础教育的实际，定义了一组面向基础教育的教学资源元数据元素。

（一）教育资源建设技术规范

1. 教育资源建设技术规范对教育资源的分类

《教育资源建设技术规范》所面向的资源主要包括以下几类：

（1）媒体素材：是指传播教学信息的基本材料单元，可分为文本类素材、图形/图像类素材、音频类素材、视频类素材、动画类素材五大类。

（2）题库：题库（信息技术 Item Bank）是按照一定的教育测量理论，在计算机系统中存在的某个学科题目的集合，是在数学模型基础上建立起来的教育测量工具。

（3）案例：案例（Case）是指有现实指导意义和教学意义代表性的事件或现象。

（4）课件与网络课件：课件与网络课件是对一个或几个知识点实施相对完整的教学补助教学软件，根据运行平台划分，可分为网络版和单机运行的课件，网络版的课件需要能在标准浏览器中运行，并且能通过网络教学环境被大家共享单机运行的课件，可通过网络下载运行。

（5）网络课程：网络课程是通过网络表现的某门学科的教学内容及实施的教学活动的总和。它包括两个组成部分，即按一定的教学目标、教学策略组织起来的教学内容和网络教学支撑环境。

（6）文献资料：文献资料指有关教育方面的政策、法规、条例、规章制度，对重大事件的记录、重要文章、书籍等。

（7）常见问题解答：指针对某一具体领域最常出现的问题给出全面的解答。

（8）资源目录索引：列出某一领域中相关的网络资源地址链接和非网络资源的索引。

2. 教育资源建设技术规范的基本结构

《教育资源建设技术规范》共包括三大部分，分别为严格遵守的必需数据元素、作为参考的并对每类资源都适用的通用可选数据元素和针对资源特色属性的扩展数据元素。

必需数据元素是学习对象元数据规范 LOM 的核心集，这类数据元素与学习对象元数据规范（LOM）中的必需数据元素一致，它是任何类型的资源都必须具备的属性标注，开发者应严格遵循。可选数据元素（通用可选集）是从学习对象元数据规范（LOM）的可选数据元素中抽取出了与教育资源密切相关、并对各类教育资源都适用的属性集合。可以根据用户需求和开发者自身的工作过程作为参考属性有选择地使用，如果本规范没有推荐的属性取值，要求与学习对象元数据规范（LOM）的取值相一致。扩展数据元素（分类扩展集）根据九类资源（媒体素材、试题、试卷、课件、文献资料、案例、常见问题解答、资源目录索引和网络课程）各自的特点，从LOM模型的可选集中选取与某类资源密切相关的属性，并补充了一些基本的、必要的特殊资源分类属性。

二、基础教育教学资源元数据应用规范

1. 元数据元素属性定义

CELTS-42的元素定义方法采用ISO11179标准的元数据元素描述方法。这一正式的描述标准不仅改善了CELTS-42核心元数据与其他元数据描述的一致性问题，同时也对改善其元素定义的明晰性、范围以及内部的一致性问题有很大帮助。

ISO11179标准规定用10个属性描述元素，包括：

（1）名称（Name）：分配给数据元素的标签。

（2）标识符（Identifier）：分配给数据元素的唯一标识。

（3）版本（Version）：数据元素的版本。

（4）登记授权（Registration Authority）：数据元素授权登记的实体。

（5）语种（Language）：数据元素指定的语言。

（6）定义（Definition）：能清楚地表现数据元素内容和基本本质的描述。

（7）约束性（Obligation）：数据元素需特别表示的指标。

（8）数据类型（Date Type）：能表达数据值的数据元素的类型指标。

（9）最大值（Maximum occurrence）：对数据元素可重复的限定指标。

（10）注解（Comment）：关于数据元素应用的注解。

2. 元数据的基本结构

《规范》规定的描述基础教育资源的数据元素集包括23个元素，其中必须元素11个，可选元素12个。规范的必须数据元素与CELTS-3的全部必须元素对应《规范》的可选数据元素包含了CELTS-3的11个可选元素。《规范》允许用户根据各自需要扩充元数据元素，但必须符合《规范》元素定义格式和技术规范。

《规范》的核心元数据元素依据其描述的内容和类别分为3类：

（1）资源内容描述类，包括标题、学科、关键词、描述、来源、语种、关系、覆盖范围、适用对象、目录项10个数据元素。

（2）知识产权信息类，包括作者、出版者、其他作者、权限管理、版本5个核心元素。

（3）外部属性描述类，包括日期、类型、格式、标识、评价、评价者、元数据

方案、目的 8 个核心元素。

（4）必须元素包括标题、学科、关键词、描述、标识、格式、日期、语种、类型、作者、适用对象 11 个核心元素。

第四章 “1 + X”证书制度下的信息技术课程建设

第一节 高级语言程序设计课程

在长期的教学实践中，教学团队的专业教师经过反复调研、研讨，将人才培养方案中具有相互影响的、有序的、互动的、相互间可构成独立完整的教学内容体系的相关课程整合到一起，构成课程群。计算机科学与技术专业的专业课程划分为基础课程群、硬件课程群和软件课程群。基础课程群包括计算机科学导论、离散数学、程序设计与问题求解、数据结构等；硬件课程群包括计算机网络、计算机系统结构、计算机组成原理、微机接口技术；软件课程群包括软件工程、操作系统、数据库原理及应用、算法分析与设计。通过课程群来整合课程教学内容，规划课程发展方向和新课程的建设，将学生各种能力的培养完全融于课程群之中。其中，确立“程序设计与问题求解”“数据结构”“面向对象程序设计”“数据库原理及应用”和“软件工程”五门课程为重点建设核心课程。本章内容将介绍在教学资源库支撑下核心课程的教学改革和实践，对以重点课程建设带动整个课程体系的建设，对提升计算机科学与技术专业整个课程教学质量的改革思路进行总结和归纳。

C 语言程序设计是高校计算机专业学生学习程序设计的入门语言的课程，在培养学生分析和解决问题能力方面起着举足轻重的作用。然而在传统的教学中，大多数教师在教学思想上重语法、轻算法，没有深入剖析教学内容之间的关联，不重视理论教学和实践教学内容的有机整合，从而造成学生实践能力低，而在实践课中容易遇到困难，也挫伤了学生的学习兴趣，降低学生学习的积极性。

高级程序设计课程教学改革的目的，就是要充分利用高校教学资源的支撑，通过对教学内容的调整、教学方式的探索和实训课程的改革，真正体现 C 语言程序设计作为专业基础课的“专业”“基础”的特点。在课程教学中使学生能够轻松、愉快地掌握 C 语言的语法结构和特点，熟悉程序设计求解问题的思维特点，能够应用计算思维对实际问题进行算法设计，进而应用 C 语言解决问题。提高学生的实际编程能力和程序设计水平，也为学生将来学习 C ++、C# 等面向对象的程序设计语言打下坚实的基础。

一、C 语言课程教学内容的调整

现有的 C 语言程序课程的教材，大都存在以下明显的特点：重视语法结构的讲解，所给出的案例大多是科学计算的编程问题，例题之间缺少意义和知识结构上的关联。我们发现如果仅按教材的内容按部就班地进行讲解，会导致学生在学习中只能被动地接受一个个孤立或者断裂的知识点，难以形成比较系统的知识架构，无法激发学生的学习兴趣。为此，我们整理了大量的 C 语言程序设计的编程实例，将这些例题按三个层次在教学过程中逐步呈现给学生，以提高课堂教学质量。这三个教学层次为：基础学习，掌握语法结构；拓展案例，明确学习目的；项目驱动，激发学习兴趣。

（一）打好基础，掌握语法结构

掌握语法结构是编写程序的基础，没有正确的语法，程序不可能通过编译，也不可能检验任何编程思想。因此，掌握正确的程序设计语言的语法结构，是学生建立编程思想、解决实际问题的基础。

如何帮助学生打好语法基础，现有教材里关于语法知识的例题都能很好地说明问题。我们仅以程序设计的三种结构简单举例说明：

顺序结构：求三角形的面积问题等。

分支结构：求分段函数问题等。

循环结构的 n 个数相加问题，求 n！问题等。

循环结构和分支结构嵌套：找水仙花数、找素数问题等。

这些例子因为求解思路明确，特别方便用于解释程序结构，因此是现有教材中的经典例题。但这些例子过于严肃和单调，与当代计算机的便利有趣的形象相去甚远，学生不禁会问：我们学这些程序设计的语法到底有什么用？

（二）拓展案例，解决实际问题

为回答上述学生的问题，我们在学生掌握了教材内容相应的知识点后从教学案例资源库中选取一些解决生活中有趣的实际问题的案例，让学生思考练习，并进行一定的讲解。一方面提高学生的学习兴趣；另一方面，在讲解的过程中，也有意识地渗透当前计算机领域的科技前沿，培养学生的大数据思维。仍以三种程序设计结构为例加以说明。

1. 顺序结构实战例题

（1）有趣“信息加密解密问题”：设计简单的加密规则，如字符的 ASC Ⅱ码加上 6 就是加密后的信息。请根据输入内容输出加密后的信息。

（2）输入一个三位数，输出该三位数的各位数字之和，以及它的反序数。

2. 分支结构实战例题

①设计一个速度检测仪，速度在正常范围内，显示“请按当前速度继续行驶”，如果速度低于正常范围，显示“您的速度太慢，请加速”，否则显示“您已超速”。

②大白私人健康助手（体重检查程序），请用户根据提示输入自己的身高和体重，根据身高和性别，按 BMI 法计算用户的体重情况。

BMI 法：

体重指数=体重（kg）除以身高（m）的平方 kg/m^2。

体重指数= 18 ~ 25：输出“正常体重”。

体重指数= 25 ~ 30：输出“超重”。

体重指数> 30：输出“轻度肥胖”。

体重指数> 35：输出“中度肥胖”。

体重指数> 40：输出“重度肥胖”。

在这两个实例中，因为输入数据为传感器传回的数据，我们可以联系物联网“万物关联”的特点，向学生们介绍当前物联网的最新发展，指出物联网产生的大数据更需要智能的算法来处理，而设计并实现智能算法的基础就是我们今天所学的程序设计。这对于引领学生的专业兴趣，开阔学生的眼界，激发学生的专业求知欲，是很有帮助的。

3. 循环结构实战例题

超市收费软件。根据超市收银员输入的商品价格，统计并输出商品数量和价格总额，再根据收银员输入的金额，输出找回金额。

4. 循环结构和分支结构嵌套实战例题

D 饭店点菜系统。输出饭店的菜式和相应的价钱，根据客人选择的菜式统计价钱。在学生学习了数组知识后，还可以进一步提高例题的难度，要求输出客人的结账单。

学生利用已经掌握的语法知识，尝试解决与实际生活密切相关的问题，既了解了程序设计在生活中的用处，又锻炼了思维能力。

（三）项目案例，激发学习兴趣

C 语言程序设计课程要求学生在修完课程内容后，完成相应的课程综合实训练习，即完成一个小项目系统。为此，我们设计了一个简单的项目系统——个人财务管理系统，贯穿整个程序设计的教学过程当中，一方面激发学生的学习兴趣，另一方面也帮助学生对课程综合实训练习做一些心理和知识的准备（表 4–1）。

表 4-1 课程知识与项目介绍举例

课程知识	个人财务管理系统
顺序结构（输出、输出语句）	设计和显示菜单
分支结构（if、if...else、switch 语句）	菜单选择功能
循环结构（while、do while、for 语句）	个人登录界面（计数循环或条件循环） 菜单重复选择功能
数组	保存和显示一个月的收支数据、账户余额数据
二维数组	保存和显示全年的收支、账户余额数据
函数	将查询、修改、统计、排序功能改写成函数
指针	将查询、修改、统计、排序功能改写成指针实现
结构体、结构体数组	定义个人账户信息结构体，定义个人信息数组， 整合项目全部功能模块。完整运行
文件	学会使用文件存取数据，实现一个真正的小系统

表格来源：《信息技术教育课程建设与设计研究》

教学案例的整理，使得在 C 语言程序设计课程中开展分层教学，具有很高的可操作性，使得教师能够依据具体的案例，贯彻"从程序中来、到程序中去"的教学指导思想，逐步提高学生的编程能力。

二、探索高效的课堂教学方法，提高课堂教学质量

课堂教学是向学生传授知识的重要环节，提高课堂教学质量，对帮助学生掌握学科知识、提高能力尤其重要。在探索高级程序设计语言的教学方式方法上，高校学科教研组的老师们在教学过程中不但积极将案例法、项目驱动法等新的教学方法引入课堂教学中，还认真学习各种新的教学理论，并将其融入程序设计的课堂教学中，如将支架理论、有效教育理念、双语教学思想引入课堂教学，形成自己的教学特色。

（一）利用支架理论，突破概念教学难点

支架式教学是建构主义的教学模式下已开发出的比较成熟的教学方法，美国著名的心理学家和教育学家杰罗姆·布鲁纳（Jerome Bruner）认为，在教育活动中，学生

可以凭借由父母、教师、同伴以及他人提供的辅助物完成原本自己无法独立完成的任务。这些由社会、学校和家庭提供给学生用来促进学生心理发展的各种辅助物，就被称为支架。

俄国著名心理学家维果斯基的“最近发展区”理论，为教师如何以助学者的身份参与学习提供了指导，也对“学习支架”做出了意义明晰的说明。

维果斯基将存在于学生已知与未知、能够胜任和不能胜任之间，是学生需要“支架”才能够完成任务的区域称为“最近发展区”。教师在教学活动中，首先要创造“最近发展区”，向学生提供“学习支架”，帮助学生顺利穿越“最近发展区”，并获得更进一步的发展。其次，教学还必须保持在“发展区”内，教师应该根据学生实际的需要和能力，不断地调整和干预“学习支架”，利用“支架”培养学生的探究能力，并最终解决问题。

在高级程序设计语言教学中，学生在理解与内存“绑定”有关的概念内容时存在很大的困难，如变量名和变量名对应的值、变量的存储类型、变量的生命周期和可视域、函数的定义和调用、函数的参数传递等，是非常抽象且难以理解的。而这些概念又往往是跟踪调试程序、理解程序运行机制的关键所在。因此在学习 C 语言程序设计过程中，概念意义的不清已经成为学生掌握知识的主要障碍。

学生之所以对上述概念感到困惑与不理解，是因为学生对于 C 语言中的变量或函数在运行时必须与内存地址空间进行“绑定”没有起码的概念。而现行的 C 语言教学模式强调的是对语言的语法规范的掌握和程序的编写，几乎不涉及高级语言程序是如何实现的。

高级语言的实现方法属于编译原理与编译方法课程的研究范畴。而“编译原理”是“高级语言程序设计”课程的后继课程。在编译原理关于目标程序运行时的存储组织课程内容中，很清楚地说明了程序运行时栈式存储的典型划分。代码（code）用以存放目标代码，静态数据区（static data）用以存放编译时能确定所占有空间的数据，而堆栈区（stack and heap）用于可变数据以及管理过程活动的控制信息。

在实际教学中，我们不可能给学生详细解释编译的原理，但在讲解 C 语言中与程序存储分配有关的概念时，如变量的生命周期和可视性，以及函数参数传递方式，教师可以上述知识作为“支架”，引导学生观察和理解变量在程序运行期间的存储位置和活动过程，合理设计教学过程，帮助学生顺利完成这些较难理解的概念的学习。

同样，在高级程序设计语言中，函数的参数传递有两种方式：值传递和地址传递。学生在理解不同参数传递方式下程序的运行结果时，存在很大的困难。教师可以借助于编译原理课程中关于程序运行时，编译系统将根据各个函数的调用顺序，为函数分配函数活动记录存储区，函数记录中包括函数参数个数、函数临时变量等内容，在教学设计时作为知识“支架”，帮助学生直观地理解两种参数传递方式的不同。

学科教学团队在探索高质量教学的实践中，通过将支架理论引入C语言的概念教学中，利用编译原理中有关程序运行时存储分配的知识作为“支架”，帮助学生掌握“变量的生命周期和可视性”“函数参数传递方式”等难以理解的重要知识，有效地突破了教学难点，提高课堂教学质量。

（二）有效教育在C程序设计教学中的实践

有效教育（Effective Education in Participatory Organizations, EEPO）理念由云南师范大学孟照彬教授所创建，近年来在教育领域引起广泛的关注。其理论与操作体系力求从中国基础教育和绝大多数学校的实际出发，探索学校提高教育质量、加强素质教育的新途径和新方法，并使之在学校师生双边教育活动中更加“有效”。EEPO包括思想、理论、方法三大体系，涵盖教学学习、评价、备课、管理、考试、课程、教材等多个方面，包括要素组合课、平台互动课、哲学方式课、三元课等十大主流课型，操作性、实用性强，容易被教师接受，同时，FEPO与以往以知识为前提的教育不同，它是以思维为前提的教育，注重学生个性张扬和创造精神的培养，顾明远教授曾称EEPO是教育方式的一场变革。

2013年，孟照彬教授亲临广西师范学院，对有关教师进行了两次有效教育的培训。学科教研组老师在培训后以有效教育理论为指导，用要素组合的方式组织课堂教学，对C语言程序设计的课堂教学进行了有意义的探索。

1. 学的方式的训练

学习方式是组织学生在学习活动和社会活动中经常使用的系列方法的总称。在EFPO学习方式操作系统中，学的方式方法有12组，其中具备基础性特征的学的基本方式主要有3组：5项基础、5个速度、5种排序。5项基础（5J）的范畴是单元组、约定、表达呈现、板卡、团队。要走出讲授灌输式的怪圈，基本前提是对5项基础进行严格而又巧妙的训练。5项基础是后续教学活动能顺利进行的前提，如果5项基础训练不到位，那么可能会出现课堂上混乱、教师把控不了课堂的情况。

在进行有效教育课堂教学方式的探索过程中，我们采用学科导向性团队的训练方式，在每次课前10分钟进行特定的学习方式训练，训练内容包括小组组建、约定与规则、动静转换、一般性激励、学习的表达呈现、团队合作等。经过几次课的训练，学生较快地形成了本学科的学习方式。

（1）单元组训练：单元组根据人数的不同又可以分为小组、大组、超大组、随机分组、特别行动组、编码系列组、原理形态组等。教师根据班级人数及教学内容，重点训练了2～4人、4～6人规模的小组随机分组的组建练习。

（2）约定与规则：约定是师生、生生之间事先确定的用某些口头语言或肢体语言来表达的某种信息。考虑到大学生已经是成年人，我们采用最简单的“OK”手势表示明白、准备好、完成等信息；用手掌向前表示不明白、没准备好等信息；用快速三拍掌表示小组活动时间结束，迅速回位安静等待教师进行后续教学活动。经过训练，师生间、生生间已经配合默契。

（3）合作学习训练：合作是需要技术的，很多同学不会合作，因此，教师应重点训练他们的关注、关照、倾听、资源利用、亲和力等方面，在每次小组合作学习之后都会让学生对各成员在小组任务完成过程中的表现进行组员评价、自我评价。通过几次合作学习训练，同学们基本掌握了团队合作必备的基本技能。

2. 教的方式的训练

在 EFPO 课型方式操作系统中，教的方式共有 12 种，其中具备基础性特征的教的基本方式主要有 3 种：要素组合方式、平台互动方式、三元方式。我们在教学中主要采用要素组合方式，这里主要以专业教师在“选择结构”这一章节的课堂教学为例，进行简单的说明。

选择结构中的语句看似简单，但如果同学们不能理解其内涵的话，很容易与其后的循环语句混淆。因此在设计教学内容的时候，对于每个知识点（关键项）都是采用多种手段、多要素结合的方式进行教学。例如，第 1 部分用案例导入，让学生经过自己独立思考、小组讨论、模仿案例编程 3 种手段，通过把看、听、想、说、做几种要素结合，来强化学生对 if 语句第 1 种形式的认识。第 1 种形式是根本，学生掌握了第 1 种形式，后面 2 种形式就很容易理解。学生的动静转换时间基本是 8 ~ 10 分钟，既恢复了学生的体力，也保证了学生集中注意力，让学生全神贯注地投入学习，大大提高了学生的学习积极性和有效性。

3. 经验总结

经过教学实践，学生的学习状态有了明显的改变，同学们在小组讨论的时候活跃、大胆、勇于提出新观点，提出来的算法多种多样，不再拘泥于课本的例题，原来沉闷的课堂变得有活力，同学们的学习成就感日益增强，学习积极性日渐提高，实验取得了初步的成效。同时，教研组的老师也总结了实践的经验和需要注意的事项，例如：

（1）学习方式训练要重视。学习方式训练不好，容易导致刚开始时小组合作学习混乱、小组组建缓慢、讨论变成学习尖子生独自发言、事先的约定不起作用等。经过 2 ~ 3 次有针对性的训练之后，情况有了明显改善，尤其是通过合作技巧的训练，在增加组员评价、自我评价以及影响力圆圈之后，小组成员变得积极，小组合作效率有了提高。

（2）小组划分要细致。小组的划分与学习效果有直接关系，小组成员的性格、能力、学习风格分布会对小组的合作学习效果有重要影响。在实际教学中发现，在分组的时候应该考虑学生的特质差异，避免由于自由组合而产生“搭便车”和聚类效应的情况。

（3）单元组任务须恰当。单元组的任务布置也非常讲究，它的难度要适宜：如果任务太简单，学生不需要讨论、不需要合作即可完成，导致学生没有讨论的兴趣，小组合作流于形式，学生就会慢慢地厌倦这种教学方式；如果任务太难，以学生目前水平很难完成，小组拿到任务以后不知道学什么、做什么，也会降低学生的积极性，导致大量“边缘人”出现，教学时间大量浪费，教学目标难以实现。

（4）课堂调度要灵活。虽然教师在备课时已经对单元组活动进行过设计，比如活动的时间、任务的结果等，但是，学生的智力和思维水平无法准确计算，因此，在单元组活动的时候经常会出现一些意外状况，比如，单元组活动进展很顺利，较早完成了任务要求，这时候教师必须提前结束单元组活动，避免学生注意力发生转移，从而影响后续的教学活动。相反，如果结束时间到了，学生还讨论得很热烈，思想碰撞很激烈，有较多的新想法，这时候老师应适当延长讨论时间，但要注意只能有 1 次延长时间的机会，并提醒同学们还剩余多少时间，这样能训练同学们在有限的时间内抓住重点。

三、C 程序设计课程考核方式改革探索

以往的程序设计课程考核大多采用笔试的方式，这使得程序设计课程由一门以培养编程技能的课程，变成了考核学生死记硬背课本知识点的理论课程，这大大违背了提高学生计算思维能力、利用程序设计解决实际问题的教学目的。为改变这种学生靠考前突击背知识点、背题目也能考出高分的不当现象，我们进行了程序设计课程考核方式的改革。新的考核方式依托教学资源库中的在线评测系统，对学生的实际编程能力进行考核。具体为课程考核成绩分为两个部分：50% 为平时成绩，50% 为期末考试成绩。平时成绩的评价要求学生上评测系统完成相当数量的程序设计题目，若没有完成指定数量的题目，则取消本学期学生参加期末考试的资格，学生只能申请下个学期参加期末考试。若学生完成指定数量的题目，则根据学生完成题目的质量，给学生适当的评分。期末正式考试也在评测系统上进行，教师通过评测系统了解学生实际编程能力，以此为依据设计不同难度的考题，并设定好考试时间组织学生在机房考场登录评测系统，在规定的时间内完成考题。

进行考核方式改革后，同学们普遍反映学习的压力大了，动力也大了。很多同学逐渐改掉了一回宿舍就玩游戏的毛病，变为抓紧时间上系统做题，并形成了在宿舍跟志同道合的同学共同讨论解题思路，共同学习、共同进步的良好学风。同学们的实际

编程能力和学习效果在实践中也得到了明显的提高。

综上所述，C语言程序设计课程是计算机本科专业一门重要的核心基础课程。经过实行调整课程教学内容、探索有效教学方法方式、改革综合实训课程教学等系列措施之后，高校计算机本科专业学生的编程能力有了很大提高，大部分学生对程序设计课程产生了浓厚的兴趣，并明确了自己的就业目标。在这两年高校卓越工程师班的学员选拔中，学生积极报名，并在C语言程序设计这一重要科目的考试中，取得了很好的成绩，展现出较改革前本专业学生更好的编程能力和更扎实的专业基础。

第二节　数据结构课程

《数据结构、算法与应用》一书称：“数据结构是数据对象，以及存在于该对象的实例和组成实例的数据元素之间的各种联系。这些联系可以通过定义相关的函数来给出。”在计算机科学中，数据结构是一门研究非数值计算的程序设计问题中计算机的操作对象（数据元素）以及它们之间的关系和运算等的学科，而且确保经过这些运算后所得到的新结构仍然是原来的结构类型。

从目前国内外各高校的计算机专业本科教学指导来看，数据结构依然是一门专业核心课程，并且对于现今大数据时代的大数据工程师和云计算工程师而言，数据结构与算法更是必备的重要基础知识。不掌握数据结构和算法，将难以掌握高效、专业的数据处理手段，更难以从容应对复杂的大数据处理场景。因此，对于该门课程的教学效果和质量评价一直都有较高的要求。然而，数据结构课程以其概念多、内容多、高抽象性、强逻辑性和算法复杂性始终是学生学习的一个难点。多年的教学实践表明，传统的教学模式和教学手段往往不能激发学生对这门理论性强的课程的学习兴趣，学生易产生倦怠和惰性，学习成效很低，无法达到教学目标的要求。因此，教学改革势在必行。

一、数据结构课程内容优化与调整

数据结构课程的教学目的，不仅是让学生系统地学习数据结构的理论知识、经典算法，更重要的是培养学生的思维能力和解决问题的基本方法，帮助学生实现从知识到能力和方法的转化。这也正是我们进行教学改革的目标。

（一）教学内容调整

根据高校计算机专业学生的开课计划、知识基础，以及学生的学习特点，我们采用的教材是严蔚敏、吴伟民编著的《数据结构（C 语言版）》，并对教学内容和教学重点进行了规划和设定。教学内容及课时分配详见表 4-2。

表 4-2 "数据结构"教学计划表

主要教学内容	教学重点	学时数
基本概念、术语；抽象数据类型；算法分析	数据结构的研究对象；4 类基本结构；算法效率的度量（时间、空间复杂度概念）	2
线性表的顺序	存储顺序表结构的定义；基本操作的算法	4
链表	链表结构的定义；基本操作的算法	6
栈	栈的基本操作；栈的应用	4
队列	队列的基本操作；队列的应用	4
串	字符串的基本操作；串模式匹配	4
树和二叉树	树和二叉树的概念、性质；存储结构；遍历；简单应用（哈夫曼树等）	8
图	图的概念、术语；存储结构；深度优先、广度优先遍历；最小生成树；拓扑排序；最短路径问题	10
查找	二分查找；二叉排序树；B －树和 B ＋树；哈希表	8
内部排序	插入排序；快速排序；选择排序（重点在堆排序）；归并排序；基数排序；排序算法性能分析	10
		共计：60

表格来源：陈永光 . 信息技术教育课程建设与设计研究 [M]. 北京：新华出版社，2018.

（二）课程前导内容补充

我们所选用的教材虽然是 C 语言版，但在算法描述时，参数传递的方式用到了 C ＋＋中的引用传递。例如，构造一个空线性表（顺序存储结构）的算法：

```
typedef struct |
ElemType    *elem；  // 存储空间基址
int length；     // 当前表长（元素个数）
ine listsize；    // 当前分配的存储容量
| SqList；
Status InitList_ Sq（Sqlist&L） |// 构造一个尺寸为 LIST_ INIT_ SIZE 的空线性表 L
L  elem ＝（Elem Type）  malloc  （LIST_ INIT_ SIZE * sizeof（Elem Type））
if（ ！  L elem）exit （OVERFLOW）；
L length ＝ 0；
L listsize LIST _INIT_ SIZE；
return OK；
```

从上述算法描述可看出，为了满足线性表的元素空间大小，可根据需要进行调整，采用存储空间动态分配的方式，在结构体类型中增加 list size 域来指示当前所分配空间的容量。显然，这类操作算法使用引用方式传递参数要比使用地址传递方式更为简洁、直观。而由于学生此前并未学习过 C ++，因此，关于引用传递的参数传递方式的概念及使用方法需要在课前进行补充讲解。

其次，教材中出现了大量的 typedef 自定义类型、结构体类型，以及指向结构体的指针类型，这些知识尽管在学习 C 语言课程的时候学习过，但往往因教学大纲的学时计划限制以及课程内容侧重点等原因并未深入，学生掌握得也不够熟练，甚至有些内容已经忘记。所以，关于 typedef 和结构体指针这两部分知识也需要在课前进行回顾。

另外，为了适应“互联网+”与大数据的需求，我们的数据结构课程也应该融入大数据思想和相关理论。大数据概念可作为先导理论进行讲解，而具体内容可在“树”“图”“查找”“文件”等章节中予以体现。例如，社交网站中人与人之间关系的海量数据，要如何处理？大数据数据库的索引，如何利用哈希表、B +树等数据结构来实现？

二、教学模式与教学方法改革

传统的教学模式以教师讲授为主，教师在课堂教学中一味地讲解概念、术语，证明性质、定理，分析算法、过程，学生只是被动地接受，缺乏学习的主动性、积极性，也不利于学生扩展思维、举一反三。通常的情况是，上课基本能听懂，但碰到实际问题却无从下手，无法运用所学知识去解决问题，没有真正理解算法的精髓。因此，教学改革的重点就在于对教学模式和教学方法的改革。

我们改变了传统的灌输式教学方法，探索运用案例式、启发式、讨论式、翻转课堂等教学方法。其中，以案例式教学为主。我们为此建立了丰富的教学资源库，案例式教学中的案例，甚至一些实验项目均取自我们的资源库。

（一）案例式教学

计算机解决一个具体问题时，大致需要经过几个步骤：首先要从具体问题中抽象出一个适当的数学模型，然后设计一个解此数学模型的算法，最后编出程序，进行测试、调整，直至得到最终解答。寻求数学模型的实质是分析问题，从中提取操作的对象，并找出这些操作对象之间含有的关系，然后用数学的语言加以描述，而这正是数据结构课程的研究目标及内容。数据结构主要解决的就是对一个实际应用问题进行计算机建模的过程。因此，从应用问题出发，以案例形式导入课程内容的方法，非常适合于数据结构课程的教学。

教学案例的来源渠道有多种，其中，使用程序设计竞赛中的赛题作为案例是一种很好的选择。竞赛题比较有代表性和针对性，同时也考查了选手知识掌握和灵活运用的能力。高校连续多年组织学生参加“蓝桥杯”全国软件专业人才设计大赛，积累了不少历届真题和练习题。这些竞赛题目有许多都涉及数据结构及算法知识，但解题时又不是直接套用书本的算法，而是需要加以逻辑分析、整合运用。例如：求区间第K大数，利用了分治法和快速排序算法的思路。以这类题目作为教学案例，既与教学内容相衔接，又可以拓展思维，最终起到融会贯通的效果。

基于案例和问题驱动的教学设计：串。

案例的提出：2011年“蓝桥杯”软件大赛预赛题中奖计算。

问题描述：某抽奖活动的规则是：每位参与者在纸上写下一个8位数的号码，最后通过摇奖的办法随机产生一个8位数字；参与者写下的数字中最多有多少个连续位与开奖号码中的相同，则称为中了几个号。这道题目是一个典型的字符串处理问题。

给出学生要解决的问题任务：人工兑奖的方法是什么？（即处理逻辑）通过分析，我们知道该问题求解的逻辑是：分别以兑奖号码串的每一位作为起始位置，截取长度为1，2，…，t（t＝串长－起始位置＋1）的子串，到开奖号码串中进行子串匹配与定位。接下来让学生思考处理逻辑中涉及哪些串操作，得出：包含了串长度处理、子串定位、任意长度取子串、串比较等常用串操作。

引导学生将该处理逻辑描述成算法，同时，思考所涉及的串操作的实现方法。

最后再简要讲解教材中关于各常用串操作的一般实现过程。

（二）启发式教学

针对数据结构课程理论性强的学习难点，需要充分调动学生的学习积极性，启发学生独立思考，发展学生的逻辑思维能力，培养解决问题的能力。

启发式教学是以教师为主导、学生为主体、思维为核心、人格能力培养为目标的教学思想。科学引导学生的积极思维，主动实践，达到全面透彻地掌握知识和技能，培养独立思考和创新意识的目的。因而，在数据结构课程教学中采用启发式教学方法是卓有成效的。

启发式教学的第一步，创设问题情境。联系实际，从生活中熟悉的情景、实物、事件入手，创设一些带有趣味性的问题情境。第二步，以问题情境为中心，观察分析核心事物（或事件）所包含的特征、特性，找出事物变化的规律，以及事件处理过程中的规则、限制条件等。第三步，思考并尝试给出解决这个问题的方式、方法和步骤。

数据结构课程的启发式教学案例：队列。

创设问题情境：银行的排队机制。

（1）让学生先思考和回顾去银行办理业务时是如何排队的。

（2）分析排队的对象（主体）：简单来看是人，而实际上是一笔业务，而业务可以进行分类，因而可分出若干个队列。

（3）观察排队操作的方式：本着先来后到的原则，即先来先服务，不能插队。

（4）进一步观察队列的特点：排队对象的个数，即队列的长度是不断变化的。

（5）总结出队列运作的基本方法：新来的人排在队伍的末尾（入队）；办理完业务后从队伍前面离开（出队）；在入队和出队时实时调整队列长度属性，从而可以及时掌握当前队列中元素的个数。

通过以上启发式过程，再去学习队列的物理结构以及具体操作算法的实现，学生就会更加容易接受，能真正地理解和掌握，并且记忆深刻。

（三）课程导学

学生学习积极性不高的一个重要原因是学习目的不明确。简单来说，就是不明白学这些东西有什么用，会对将来有什么影响。因此，我们有必要给每一个知识点加入“导学”，其目的是在学习新知识之前，引导学生认识学习的目的、学习的重点，并通过实例让他们对新知识的功能、作用、适用范围、与后续知识的衔接等有一个整体的认识，使学习目标更明确，学习更有针对性，更高效地掌握知识。比如，在学习链表的时候，可以适当引入操作系统中的 FAT 结构，以及内存管理中存储块的链式管理机制等。导学也可以结合之前介绍的案例教学来进行。

（四）讨论式教学

讨论式教学是最能调动和激发学生学习主动性、开阔思维的一种方法。通过师生间、学生间的互动讨论，可以将学生的注意力吸引到课程内容上，互相学习，互相促进，同时也增加了学生在课堂上的参与度。此外，小组式的讨论可以作用在小组项目合作上，这也锻炼了学生的语言表达、沟通能力，还培养了团队协作能力。讨论式教学是一种非常有益的课堂教学模式，但同时也是对教师业务能力的一种挑战。它需要教师具备极强的组织与把控能力，既要使得学生积极参与，热烈讨论，又要维持课堂秩序不至于混乱。再则，对讨论的结果也要客观、准确地进行评价，才能收获良好的教学效果。

1. 教学设计样例：哈希函数的设计

讨论题目：利用哈希方法为一个图书资料库建立书目检索系统。讨论的主题：以图书编号为关键字设计哈希函数。参考素材：高校（系）的一份图书书目信息表（书目数为 100 ~ 200 个）。

哈希函数是哈希方法的关键，然而它的设计本身却是一个开放性的问题。哈希函数的设计应遵循一定的设计规则与要求，如计算的结果（哈希地址）应均匀地分布到哈希表有限的地址区间上，但函数本身的设计又可以是无穷尽的，它可以根据关键字的特点、适用的场合，以及设计者的水平，设计出不同的函数。这种内容的学习最适合运用讨论式教学方法。

2. 教学过程

首先，考虑以数字为主的图书编号作为关键字，先介绍几种常用的哈希函数（数字分析法、平方取中法、折叠法、除留余数法等）给学生作为参考。接下来，将学习班的学生以 5 ~ 6 人一组分成若干组，分别展开小组讨论，要求每小组设计出 1 ~ 2 个哈希函数。然后，根据给定的图书书目素材，利用该哈希函数得出哈希表，并分析冲突率。

3. 评价与总结

收集各小组的讨论结果，提交的报告内容包括哈希函数（哈希计算方法）、哈希表、冲突率计算结果等。为充分调动学生的学习主动性和提高课堂参与度，对讨论结果的评价可以由教师和全体学生共同完成。每小组选派一位代表负责将本组的设计在班上进行讲解说明，教师和其他组的同学可以就该设计提出问题，并指定由该小组的某位组员来回答，这种做法可以在一定程度上抑制小组中的懒惰现象。

4. 翻转教学法

对课程中的一些抽象理论部分录制视频进行翻转教学。借鉴网上已有的视频资源，将其融入教学过程，分解知识点，破解难点，进行形象化与短时间的重复讲解，增加学生对抽象内容的理解，期间穿插对理解内容的核查，并留出思考时间，强化学习效果。

三、教学手段改革

信息技术手段在课堂教学中的应用是现代教育技术的发展。将电子课件助学软件、学习网站、微课、慕课、练习系统有机结合起来，是近年来教学手段改革的主要趋势。

（一）MCAI

MCAI（Multimedia Computer Assisted Instruction）称为多媒体计算辅助教学，它是以计算机为媒介，在原有 CAI 模式中运用多媒体技术，使教学信息更丰富、教学过程更生动有趣、教学效果更明显的一种崭新的教学手段和教学形式。MCAI 通过计算机对文字、图形、图像、动画、声音等信息的处理和集成，组成图文并茂、声像一体的演播系统。它具有形式多样、生动形象；高度交互、因材施教；信息量大、重现力强；

界面友好、操作简单；可实行网上教学等特点，能充分调动人体多种感官参与，使课堂教学丰富多彩、形象生动、直观自然。

数据结构课程的理论性强，算法抽象，许多算法代码长且不易理解，学生普遍存在畏难情绪。利用图形图片甚至动画来展示算法的实现原理及过程，可以将枯燥的代码有效屏蔽，形象生动地表达出文字叙述的含义，因而更易于学生的接受。

（二）助学软件

助学软件是针对课程的知识点设计开发的软件，是电子教案的有机补充，也是教学网站的重要资源。比如，www.visualgo.net 是一个非常优秀的数据结构常见算法的动态演示程序网站，它提供了动态自主创建结构（表、树、图）中的结点（和联系）功能，能根据指定算法演示算法程序执行过程中各结点（和连线）的动态变化情况，非常直观地展现了算法的步骤和过程，从而生动地解释了算法的实现原理，将抽象的理论形象化，有助于学生的理解和掌握。通过我们的教学实践，运用这套助学软件后的教学效果提升明显。

（三）微课、慕课

微课、慕课等以其易用性、学习资源丰富、学习方式的灵活性等特点，为学生培养良好的学习习惯和自主学习的能力提供一个新的平台，也为课程提供了一种全新的教学手段。

慕课（Massive Open Online Course，MOOC）是大规模开放在线课程，慕课的教学通过把理论强抽象的知识点分割成小段录制的微课视频，时长不超过 15 分钟，内容衔接处具有一定交互性，讲解形象化，提供给学生反复观看，这种用技术处理分解知识点和把难点从抽象变成具象的过程降低了理解难度。数据结构课程具有较高的难度，仅通过有限的传统课堂学习时间，很难快速理解并掌握其抽象的理论知识。而慕课作为基于互联网络的远程教学的一种形式，师生在时空中可以分离，成本低廉，同时有利于个别化学习，可以让学习者自主选择学习的时间、模块。作为学习者无疑会乐于投身其中。

四、实践教学改革

数据结构是一门实践性很强的课程，实践教学是课程教学中的一个重要环节。课程的教学内容是以线性表、树、图等基本结构为主线，而实践教学就是以上述基本结构的物理实现和基本操作为核心。实践活动应以培养能力和提高兴趣为目标，使学生掌握常见数据结构的实现方法后，能够灵活地运用这些方法去解决实际项目问题。

（一）教学活动内容

实践教学活动大致可分为两个层次：

1. 基础性实验

这类实验是以"验证型 / 设计型"程序设计为主，其目的是使学生通过训练，加深对某个知识点的理解。在学习完一个章节的理论知识后，布置实验任务，以"模仿—改写—自主设计"的渐近式方法，逐步训练学生调试程序的能力，在验证教材中的算法例程的基础上，完成与之相类似的习题。数据结构课程的基础性实验大体分为 6 个部分：线性表及其应用、栈和队列及其应用、树的生成与遍历、图的生成与遍历、静态查找、简单排序。由于实验项目的代码编程量相对较大，具有一定难度，每个项目需要 4 个课时以上，在有限的教学计划学时限制下，就要求学生利用课后时间自行完成实验项目，这也培养了学生的自主学习能力。

2. 综合性实验

综合性实验是针对多个知识点进行的综合训练，是为了加深学生对课程内容的整体认识，培养解决复杂问题的能力。综合性实验主要集中在课程学习的中后期，是强化编程训练和培养创新能力的重要组成部分。

数据结构课程的综合性实验项目主要集中在树和图的应用上，但也融入了对线性结构的处理和运用，同时还包括一些查找和排序的应用。例如：

（1）树中结点的按层次访问：需要利用"队列"来实现，既要掌握树的相关知识，同时也要能熟练运用队列的知识。

（2）拓扑排序：图的应用问题，但需要借助于"栈"来实现。

（3）动态查找：二叉排序树、B＋树、B－树等都对树的相关操作有较高的要求。

（4）堆排序：可利用线性结构（顺序表）也可利用二叉树来实现"堆筛选和排序"的过程都需要树结构的知识。

（5）基数排序：是一种针对多关键字的排序策略，在对元素进行分配和收集的过程中，需要借助于"队列"来完成。

（二）实践教学环境改革

一般来说，数据结构的上机实验都是由教师按教材或实验指导设定一个实验项目，学生上机完成，完成后将实验报告（含代码）提交给教师批阅。

这种方式一来教师的批改工作量极大，二来不利于上机过程中的监督，也很难杜绝抄袭现象。因此，我们借鉴了程序设计课程的上机实践教学模式，通过搭建在线评测系统平台，改进了传统的机房授课实践教学方式。在线评测系统是源于 ACM 练习系统的一套网页式服务程序。系统中包含一个大容量的程序题库，题目可以自由更新与扩充，我们将数据结构中的经典算法和基础性实验项目设计成练习题，配以测试用例（测试数据），添加到评测系统中，学生通过浏览器提交程序代码，系统进行编译执行并实时给出评测结果。此平台中的题目信息也是我们组建的教学资源库的组成部分。

这一实践平台的启用，使学生能够在任何时间、任何地点，利用联网的电脑甚至是智能终端设备来做题，为学生提供了极大的自主性和便利性。而系统中的排名功能对学生刷题的积极性也有不小的促进。同时，任课教师也可以通过平台随时掌控学生的学习情况。

（三）实践教学的质量评估与考核方式

实践教学的评估可分阶段进行。

1. 月度评估

根据教学进度及教学内容，规定本月应完成的程序题量，月末按学生实际完成的题量进行计分。月度评估的结果是平时成绩的重要组成部分。

2. 课程设计评估

对完成的课程设计，要求学生提交程序源代码、说明文档（或报告）。成绩评估分两步进行：

（1）按程序功能的完成度、代码质量、文档的完整性等给出初评成绩。

（2）答辩，由教学团队中的教师组成答辩小组，要求学生上机演示作品，并就所完成作品进行答辩。答辩通过，结合初评成绩给出最终成绩。

五、课程改革成效

随着上述改革方案的推进与实施，学生的课程学习效果对比之前的传统教学方式有了明显的提升。具体可体现在如下几个方面。

（一）期末考试通过率

考试为闭卷笔试，题型、题量、难度与改革前一致，学生对概念的掌握比之前要好，得分率提高了30%。应用题部分，对算法原理的理解和掌握有提高，得分率提升25%以上。在难点的算法设计题上，往常基本是空白，现在能够大致写出算法代码的学生达到20%左右。

（二）程序设计竞赛获奖率

程序设计竞赛中的问题除了对算法设计有较高的要求外，还对代码的性能、执行时间、数据规模等有一定的限制。我们的实验平台——在线评测系统，正是源于ACM

程序设计竞赛练习平台，学生经过系统的强化训练，养成的良好编程习惯和思维方式将有助于在程序设计竞赛中获奖。

（三）毕业设计

学生通过完成课程设计（实训），培养了项目系统的设计与开发能力，以及文档的撰写能力，这就为毕业设计奠定了良好的基础。

第三节　面向对象程序设计课程

面向对象程序设计课程是一门理论性和操作性都很强的课程，是高校计算机科学与技术、软件工程专业本科生必修的一门核心专业基础课程。对该课程知识掌握如何，对于学生能否轻松学习其后续课程（如操作系统、计算机网络、软件工程、算法设计与分析等）具有重要的影响。同时，面向程序设计语言是第四代编程语言，又是目前软件开发的主流工具。因此，该课程所涉及的编程思想是一种全新的思维方式，其教学目标就是要求学生应用所学的专业知识解决实际问题，是学生从事信息技术行业所必须具备的关键专业知识。该课程在计算机学科整个教学体系中占据非常重要的地位。由于该课程教学内容牵涉的知识点多，有些语法结构抽象复杂，使得这门课成为学生难以掌握的科目之一。为了提高课堂教学质量和效率，有效培养学生的编程能力和创新能力，高校对该课程进行了现状分析和教学改革探索。

一、传统教学存在的问题

（一）理论教学存在的问题

教师在进行面向对象程序设计课程讲解的时候，多采用理论教学和实践操作相结合的传统教学方法。但在进行理论教学的时候，教师容易将课程当作纯粹的程序设计语言课来讲授，将教学的重点放在了面向对象程序设计语言的语法规则和使用上，忽略了本类课程“利用面向对象思想来分析问题、描述问题和解决问题”的核心教学内容，从而导致教学过程枯燥无味，学生难以对课程产生兴趣，成绩和能力都难以得到提高。

（二）实践环节存在的问题

传统的实践环节大多采用的方式是学生在实验课上机完成教师布置的课后实验题目。这种方式主要存在三个弊端：一是理论课与实践课分开进行，而学生在实验课上做题时，往往已经忘记了理论课上的知识要点，上机编程效率低下，能力提高有限。

二是上机练习的题目，多是一些验证性的，缺乏针对性和设计性，不利于培养学生的创新精神和激发学生的学习兴趣。三是上机时学生多、问题多，而老师能够指导的学生有限，学生的问题不能得到及时解答，学习信心受到打击，便会逐渐放弃对课程的学习。

（三）教学手段存在的问题

多媒体技术在教学应用中的普及，让教师们普遍采用了课件教学的形式课件教学不但能够大大减轻教师的工作负担，而且能明显增加课堂教学内容的信息量。然而课件中过多地使用信息化元素，会削弱分析问题、解决问题过程中推理思维呈现的完整性，不能发挥传统的、优秀的板书推导方式的作用，学生难以在时间有限的课堂上捕捉到若干程序演进的过程。同时，教师在使用课件进行教学时，会自然加快课堂教学节奏，造成学生在一些关键知识点上没有足够的时间加以反应，难以消化和理解。

（四）对教学对象缺少充分的分析

高校，尤其是普通高校，受招生所限，很多学生学习能力比较欠缺，表现为没有良好的学习习惯，自我管理能力弱，学习积极性不高，在学习过程中一旦遇到困难或挫折容易中途放弃。大学生活更强调自主管理，学生入学后不适应宽松的学习环境，不会合理安排学习和娱乐时间，导致很多学生将业余时间浪费在玩网络游戏、看影视、交友等活动中，严重耽误了学习。同时，相当一部分学生抛弃了中学阶段课前预习、课上做笔记、课后认真复习的好习惯，陷入平时不学习、考试“抱佛脚”的恶性学习状态，很难真正掌握专业知识和提高专业技能。

二、教学改革探索

（一）课堂教学内容改革探索

首先，在面向对象程序设计的课程教学中，我们强调教师应对比面向过程的程序设计方法，重点向学生阐明面向对象的程序设计方法。例如，在封装性的讲解中，以面向过程的程序设计方法中的函数为例进行对比讲解，在面向过程的程序设计方法中，函数的定义是为了实现某个功能模块，但这个模块在整个程序中是独立存在的，其他任何模块都可以直接调用它，这使得程序模块间的逻辑关系模糊，难以管理和维护。而在面向对象的程序设计方法中，功能模块的定义基本变为编写封装在类中的方法体，使得这类代码的行为和属性都隶属于某个特定的对象，因而这种方法更符合自然界中的主体行为规律。

以 Hello World 程序面向过程和面向对象程序设计对比教学为例，说明面向过程程序设计方法与面向对象程序设计方法的不同。

1. 面向过程程序设计（C 语言）及设计特点

程序设计（C 语言）：

```
# include < stdio. h >
void main （ ）
|
pitf（ “hello world！ \n” ）;
|
```

设计特点：结构化设计以单独的函数来组织程序，hello world 是一个字符串数据，它与函数的功能是独立的，即函数可以输出它也可以输出其他字符串。

2. 面向对象程序设计（JAVA 语言）及设计特点

设计程序（JAVA 语言）：

```
public class Hello World |
private String out String;
public Hello World（String inString）|
this. substring = inString; |
public void print（ ）
|       system.out. println （this. Out String）;
|
|
public my_ Hello World |
public static void main （String [ ] args）|
Hello World myhello = new Hello World （ “hello world!” ）;
myhello. print （ ）;
```

设计特点：首先，把 Hello World 定义成一个类，该类有自己的输出方法 print，此方法专门用于输出 Hello World 类构造函数所决定的字符串其次，通过实例化 Hello World 类，得到对象 My hello，构造函数决定了对象的内容为 Hello World，对象通过使用继承的 print 方法，输出字符串。

通过一个简单的 Hello World 程序，很好地向学生说明了不同于面向过程程序设计的面向对象程序设计强调的是方法和属性的封装，对象的输出方法只能按类方法的定义，输出对象内部的数据。同时，程序也向学生展示了面向对象程序设计中“构造方法”的重要技术，能够帮助学生对面向对象程序设计建立正确的认识。

其次，尽可能地选择项目化教材。项目化教材常以设计和编写一个完整的项目为内容主线，与注重语法理论、案例分散的传统教材比较起来，这类教材更便于教师实施项目驱动式教学模式，更有利于把理论与实践在课堂教学中有机地结合起来，让学生在应用和实践需求中有目的的学习，在教学中培养学生团队精神和创新能力，激发学生的学习兴趣。

（二）实践教学改革探索

通过对高校学生学习习惯、知识和能力水平的了解和分析，我们认为采用验证型实验讲授＋项目型实验实践的方式比较适宜。具体而言，就是在讲解一些与面向过程程序设计方法不同的概念知识时，采用验证型实验案例讲解，帮助学生理解概念。在上机实验环节，采用讲解如何完成一个具体的项目作为案例，要求学生模仿完成，帮助学生在实践过程中学会灵活运用理论教学中的知识点，形成有用的知识链。在课程设计环节，设计一个难度与课堂讲授案例相当的小项目，要求学生以项目小组形式合作完成，培养学生的团队协作精神和解决实际问题的能力。

如在 Java 课程中，学习类、对象等相关概念的时候，教师在课堂中结合演示向学生讲解教材中的验证型实验，接着在实验实践环节，演示一个小型项目（如学生成绩管理系统）中与类、对象的定义相关的设计环节，并要求学生一步一步模拟实现，到所有知识点讲解完毕。教师在课程设计环节，要求学生自行设计并完成一个类似的小项目——手机通讯录管理系统。要求学生主要实现用户登录、联系人添加、查询、删除等功能。教师逐渐引导学生在实现该系统的功能设计过程中，熟练应用所涉及的课程主要知识点，包括“联系人”类的设计、Java Swing 界面开发、字符串和数组的处理、文件操作 file I/O、数据库操作 JDBC 和异常处理等。层层递进的实验设计帮助学生把教材中的主要知识点进行了串联，既能够让学生在较短时间内理解验证型实验中的知识点，又能在项目型实验中进一步巩固和理解理论知识，提高编程能力。学生在实践中体会到了学以致用的乐趣，学习的主动性和积极性得到了很好的调动。

值得一提的是，对程序设计类课程，高校一般都设有 2 周（16 个学时）的课程设计课。以往高校将课程设计安排在学期末，但在实践中我们发现，学生在学期末时往往要承担很大的学习压力，要应付各科公选课和专业课的复习考试的压力，学生常常顾此失彼，难以静下心来好好完成课程设计。所以，我们将课程设计课调整到理论课结束后的第二个学期期中，让学生有充分的时间复习面向对象的知识点，交出较高水平的设计作品。

（三）教学模式和教学手段改革探索

利用课件进行教学有利有弊，因此，教师应在教学过程中采用多种教学手段结合的方式。首先，在制作课件的时候，尽可能用图表或可视化元素表现面向对象的重要概念，因为图表和可视化演示更能吸引学生的注意力，更能帮助学生轻松掌握和理解教学的重点。其次，涉及验证性编程实例讲解时，应采用当场分析解题要点、当场编程、当场调试的方式，通过现场调试修正错误，让学生更直观深刻地领悟相应的知识点，同时学会如何调试工具，提高解决问题和实际编程的能力。最后，教师还应充分利用网络资源来辅助教学。对于学生容易遗忘的例题、编程或调试技巧等，可以将这些教学内容的讲解过程录制为不超过 5 分钟的慕课教学视频，用以帮助学生在课后进一步复习，或供学生需要时查阅。也应该鼓励学生学会利用网络，搜集一些资深程序员关于面向对象程序设计的经验和解决实际问题的方法的博客、文章等。这些课堂教学的辅助手段，对于提高学生学习能力和效率有着很好的促进作用。

在面向对象程序设计的教学中，为培养学生的编程能力和解决问题的能力，我们还探索了该课程的双语教学模式。我们学院的学生大多来自县城或农村地区，大多数学生英语基础薄弱，接触计算机的机会少，在编译程序和调试程序的过程中一旦遇到英语提示信息就感到一头雾水，产生畏难情绪。由此可见，关于程序设计的计算机专业英语词汇成了学生培养学习兴趣、提高编程能力的拦路虎。

双语教学是将母语以外的另外一种语言直接应用于语言学科以外的其他学科的教学，使第二语言的学习与各学科知识的获取同步。国际通行的一般意义的双语教学的基本方法是，在教学过程中，有计划、有意义地使用另外一种语言（非母语）作为教学媒体。这种语言是教学的语言和手段而不是教学的内容和科目。因此，开展双语教学，要根据学生的外语能力，针对不同的授课对象，开展不同层次的教学。课程讲授的电子文档，要以外文为主基本名词，要给出相应的中文解释。而课堂中思维的主流过程，课程讲授的难点重点，仍用母语讲解。

根据高校学生的外语基础实际情况和学习能力，学科教学团队在教学过程中提出借鉴双语教学的思想，但不严格按照双语教学的定义来实施教学探索。在此过程中我们取得了较好的教学效果，也积累了一定的经验。

1. 双语教学的尝试和实施

（1）教材。

如果采用原版的英文教材开展双语教学尝试，由于许多英文版教材的内容多，条理性和中文教材有很大差别，且很多实例难度大，会导致学生学习起来更加吃力。同时如果要进行双语讲解，会产生课堂教学时间有限而教材要求教学内容量大的矛盾，导致教学课时不足。为解决这些问题，我们仍然选用中文版教材，并要求教学团队：一是对教材的内容进行总结归纳，力争更有条理性，提炼出让学生重点掌握的内容；二是对常见的编译错误提示信息、对程序设计中的重点英语名词进行收集和翻译，以便在课堂上能够随时提醒学生注意记忆。

（2）教学措施。

面向对象程序设计是学生接触到的第一门面向对象程序设计语言，也是现代主流的程序设计语言。由于学生基础较差，难以抓住学习重点。因此在授课过程中，要求任课老师认真地组织教学内容，突出重点，加强实例教学，通过实例讲解让学生更易于掌握所学内容。具体做法是，首先介绍本节课的主要内容、重点难点，介绍教学内容中的主要关键词及其对应的英语单词。然后，结合课本实例和编译环境的帮助文档中一些简单的实例，逐一讲解知识点。最后，根据拓展例子引导学生解决实际问题，培养学生学习兴趣。

（3）学生的知识水平和能力差异性。

教学中发现学生的知识水平和能力的差异确实比较明显。差异主要表现在两个方面，一是外语水平，二是编程水平。有的学生外语水平较高，有的学生较低。外语水平高的同学很快掌握了在编译环境中如何利用帮助文档寻求语法帮助，如何根据提示信息对程序错误进行查找和改正，因此这部分学生编程能力提高很快；外语水平低的学生遇到的困难较大，编程能力提高较慢。在教学中要充分考虑到这些差异性，使得教学内容和教学进度的安排兼顾不同水平层次的学生，要求教师对教学内容做出取舍和调整。教学团队通过调整教学方案，一是调整并建立编程能力较差的学生名单，有针对地进行教学；二是每次上课给不同能力的学生安排难度不同的课堂练习和上机实践练习；三是加强课后对编程能力较差的学生的辅导。

2. 双语教学效果评价。

在面向对象程序设计的教学中借鉴双语教学的思想，渗透编译环境的编译提示信息和帮助文档中的英文实例，这些探索是否有助于学生能力的提高，每个学期课程结束后，教学团队都应对学生进行教学意见的反馈调查。从学生的反馈意见中可以发现，学生对于教学团队的尝试认可度有一定的差别：大部分学生认为这样的教学方式对于自己学习能力和英语水平的提高很明显，并可以捕捉到以后自己的就业方向；但也有少部分同学难以适应帮助文档中的英文实例，认为自己花了大量的时间看英语，编程能力提高有限。但不可否认的是，通过这样的教学尝试，同学们对程序编译环境使用的熟练程度都有了不同的提高，同时，也让同学们意识到程序设计是一个国际化的工作，专业英语水平与专业能力的培养密切相关。

（四）考核方式改革探索

为保证面向对象程序设计课程的教学改革实践取得良好的效果，必须对课程考核方式进行相应的改革。在高校面向对象程序设计课程教学过程中，教师常以笔试作为本门课程的考核方式。试题由教师从平时指导学生作业的习题册中选择，题目类型和分数分布常为选择题 20 分、填空题 20 分、简答题 20 分、程序阅读题 30 分和编程题 10 分。应对这样的题目及分值，有的学生在考试之前死记硬背，也能考出比较好的成绩，难以真正考查学生的实际编程能力和水平。教师采用的课程期评分数计算公式为：期评成绩＝卷面成绩 ×70% ＋平时成绩 ×30%。从公式可以看出，期评成绩的评定完全忽略了学生在实验环节的表现，这必然导致学生轻视上机实验和课后训练。为更好地体现考核指导学习的指挥棒作用，我们对考核方式进行了改革。具体方案为：首先，调整笔试试卷的题目组成和分值分布，削弱主要靠记忆得分的选择题、填空题的分值，取消简答题题型，增加程序阅读题的分值，调整后试卷题目及其分值变为：选择题 20 分、填空题 20 分、程序阅读题 60 分。其次，以笔试中的编程题取代教师期末组织的一次随堂机试，教师组织的随堂机考，以学生对代码能否正确编译、所输出结果是否完善正确为评分标准。最后，调整期评成绩计算公式，将学生平时实验和课后任务的完成情况作为平时成绩纳入成绩计算公式中，新的期评成绩计算公式为：期评成绩＝卷面成绩 ×50% ＋随堂考成绩 ×20% ＋平时成绩 ×30%。考核方式的改革，促进了学生正确对待理论学习和编程实验，在理解和掌握理论知识的同时，提高自身的编程实践能力。

通过分析传统教学方法及考核方式的不足，以及高校学生学习行为的特点，提出了适合高校学生能力水平和学习习惯的课程教学改革方案。新的教学和考核方案对学生合理利用课余时间进行编程实践起到了很好的促进作用。项目化教学也有效激发了学生的学习兴趣，使学生明确了学习目标。高校教师团队的探索性实践证明了改革方案的有效性。在实践中发现，仍有部分学生的学习习惯难以改变，学生逻辑思维能力的差别也导致了学生程序设计能力的差异，一些学生对编写程序、调试代码有严重的畏难情绪，如何正确引导这部分学生是我们需要进一步思考和解决的问题。

第四节　数据库原理及应用核心课程

数据库技术是信息和计算科学领域的基础及核心技术之一，数据库原理及应用课程是广西师范学院计算机与信息工程学院计算机科学与技术专业软件工程专业本科教育的一门核心课程。其教学质量直接影响到后续课程的学习、毕业设计的好坏，直接关系到人才培养质量。2009 年，高校数据库原理及应用课程被评为校级精品课程。2011 年，该课程被评为广西壮族自治区精品课程。多年来，计算机与信息工程学院以精品课程建设为契机，以培养应用创新型IT专业人才为目标，针对该课程在专业人才培养中的地位和作用，分析数据库原理及应用课程教学中出现的问题，在教学内容、实验教学创新能力培养、教学方法和手段以及课程考核等方面进行改革与实践，为培养高素质技术应用型和技能型专门人才提供了必要的平台与保障。

一、改革的目标及意义

通过多年对数据库原理及应用课程教学以及教学效果的研究发现，该课程的一些后续课程如软件工程、动态网站设计难以正常开展，毕业设计质量不高，教学效果差。究其原因主要有四点：一是课程教学内容不符合社会的实际需求；二是实践教学环节薄弱，不利于学生创新能力的培养；三是教学方法和手段缺乏多样性，难以激发学生学习的主动性；四是现行的考核制度不能综合评价学生的学习。

数据库技术在实际工作中应用广泛，为了让学生在毕业后能更好地适应工作需要，以培养学生学以致用、所学知识与企业人才需求对接、提高教学质量为出发点的数据库原理及应用课程教学改革势在必行。在数据库课程教学过程中，不仅要重视数据库理论的教学，更应重视学生的实际操作能力的培养。要理论联系实际，原理为应用提供理论依据和保证，应用为原理提供佐证。二者通过整合优化，结合课堂教学、课内实验、综合课程设计等环节，使学生在学习数据库原理的同时能够进行实际应用，不仅能加深对原理的理解，而且能加强学生实际应用数据库技术的能力，提高学生分析问题、解决问题、创新与实际应用的能力，并为后续课程和以后就业打下坚实的重要基础。

二、改革的措施

数据库原理及应用课程是一门理论与实践结合紧密的课程，我们结合课程自身特点进行了探索和研究，确定了课程改革的基本思路：以优化课程教学内容为前提，以提高学生的数据库理论水平和应用创新能力为中心，以课堂教学为突破口，精心组织实验教学，灵活运用多种教学方法和教学手段，依托课程立体化教学资源平台，改革考核评价方式，充分发挥师生双方在教学中的主动性和创造性。

（一）定期修订教学大纲，坚持理论与实践并重的原则

1. 定期修订教学大纲，严格按照大纲进行教学

数据库原理与应用课程的教育目标是培养社会需求的数据库应用人才，这就要求既具有扎实的理论功底，又善于灵活运用、富于创新。我们结合招聘单位对人才技术的需求和专业的培养目标及专业定位，每年组织教师定期修订教学大纲和教学计划，并要求教师严格按照修订的教学大纲进行教学。

适当压缩数据库的部分次要的理论内容，强化数据库的实验教学。另外，该课程的教学除了常规的理论教学和实验教学外，还设置了综合课程设计作为该课程常规教学的延伸和深化。

数据库原理及应用课程的理论课时由原来的 48 学时调整为 40 学时，实验课时也由 16 学时调整为 24 学时，以提高学生实践能力。对该课程的授课内容、实验内容及侧重点及时做了调整，删减了“域中的完整性限制”等理论性较强的部分，增加了数据库操作、权限管理、数据库访问接口和数据库编程等的实验学时，有效提高了学生数据库重要部分的动手能力。随着大数据时代的来临，数据库原理及应用课程内容中适当增加了对海量非结构化数据的管理与分析技术等方面的内容。

同时，不断更新数据库原理及应用课程的实验教学环境，如数据库管理系统软件从 SOL Server2005 更新为 SOL Server2008（或 2010）版本，前端可视化开发工具先后采用 PowerBuilder、Java、Visual studio2008、Visual studio2010（或 2012），紧跟社会主流需求，让学生尽快体验新技术。

2. 整合教学内容，构建完整的知识体系

在知识领域，数据库原理及应用基础理论以必需、够用为度，以掌握原理、强化应用为重点，教学中坚持理论与应用并重的原则。表 4–3 给出了该课程的 6 个知识模块和每个模块必须重点讲解的关键知识点。在课堂教学中注重理论教学、精选教学内容和突出重点的同时，还注意各知识模块之间的联系，这些知识点也并非孤立的。如第一和第三知识模块之间是密切相关的，在实际教学中要注重用关系代数指导查询语句的编写。第二、四、五知识模块之间也是密切相关的，教学中要注重运用关系数据理论指导数据库设计阶段的概念结构设计和逻辑结构设计，用关系数据理论、数据库设计、数据库安全性和完整性等知识指导建立一个一致、安全、完整和稳定的数据库应用系统。

表 4–3　课程知识模块和关键知识点

序号	知识模块	关键知识点
1	数据库基础知识	数据模型；关系代数
2	数据库设计	数据库应用系统设计的基本过程（需求分析；概念设计；逻辑设计；物理设计）
3	SQL 语言	SQL 的数据定义；SQL 的数据操纵；SQL 的数据更新；SQL 的数据控制；视图
4	关系数据理论	关系模式的范式（1NF、2NF、3NF）
5	数据库保护技术	数据库安全性、完整性、并发控制和恢复技术
6	数据库新技术	数据库发展的特点、发展的趋势

表格来源：《教育信息技术应用实训教程》

（二）精心组织实验模块，培养学生的工程应用能力和创新能力

实验教学是巩固基本理论知识，强化实践动手能力的有效途径，是培养具有动手能力和创新意识的高素质应用型人才的重要手段，是数据库原理及应用课程教学中必不可少的重要环节。

数据库原理及应用课程只有将实验教学和理论教学紧密结合，并在教学中注重实验课程设计的延续性、连贯性、整体性和创新性，才能真正使学生理解课程的精髓，并调动学生学习积极性，学以致用。同时帮助学生构建知识体系，培养学生的科学素养、探索精神和创新精神，真正达到培养应用创新型人才的要求。

如何科学地选择数据库原理及应用课程实验内容，组织实验模块，培养学生的应用实践能力和创新能力，从总体上提高教学质量，成为我校计算机专业数据库原理及应用实验教学改革的核心任务之一。

实验教学内容要完全体现培养目标、教学计划和课程体系，而且要求实验模块的组织方法能够体现先进的实验教学思想，提出实验教学质量。数据库课程实验必须紧密结合理论教学的相关知识点，围绕某个项目的数据库系统设计，将实验分为验证型、设计型和综合型三种类型。通过这些实验，应用软件工程的基本原则，让学生能够设计一些类似的数据库应用系统，使所学知识融会贯通。表 4–4 给出了该课程所设计的实验教学内容和实验模块。

表 4–4 课程实验模块和实验内容

实验序号	实验模块	实验内容	实验类型
1	数据库的定义、建立和维护	数据库和表的创建、修改和删除	设计
2	SQL 的数据查询	使用 SELECT 语句进行数据查询	设计
3	SQL 的数据更新	用 DELETE、INSERT、UPDATE 语句进行数据的增、删和改	设计
4	视图的定义和使用	视图的定义和使用视图操作数据	设计
5	存储过程和触发器的定义和使用	存储过程和触发器的定义、管理和应用	设计

续 表

实验序号	实验模块	实验内容	实验类型
6	数据库安全性与完整性	用户、角色及操作权限等的管理方法，以及数据库完整性控制机制	验证
7	数据库备份和恢复	数据库的备份与恢复及数据库的分离与附加的方法	验证
8	数据库的访问	应用程序连接访问数据库	设计
9	微型数据库应用系统的设计	按照软件工程的思想设计一个微型数据库应用系统	综合设计

表格来源：陈永光．信息技术教育课程建设与设计研究 [M]. 北京：新华出版社，2018.

（三）综合运用多种教学方法和手段，培养学生的学习兴趣

在实际的教学过程中，合理地综合使用各教学方法、教学手段，以学生为中心，采用案例教学法、项目驱动教学法和启发式教学法等相结合的教学方法，达到互相取长补短的目的。在教学过程中，针对不同学习内容，灵活应用这几种方法，取得了理想的教学效果，增加了学生的实践机会、自学机会和创新机会，极大地调动了学生的学习的主动性和积极性，激发了学生探究创造的兴趣，鼓励学生独立探索，促进了知识的深化和迁移。

1. 实验教学中实施项目驱动教学法和案例教学法，鼓励学生独立探索

建构主义学习理论认为，知识不是通过教师传授得到的，而是学习者在一定的情境（即社会文化背景）下，借助于他人（包括教师和学习伙伴）的帮助，利用必要的学习资料，通过意义建构方式获得的。项目驱动教学模式是一种建立在建构主义教学理论基础上的教学法，该方法以教师为中心，以学生为学习主体，以项目任务为驱动，充分发挥学生的主动性、积极性和创造性，变传统的“教学”为“求学”“索学”。由于实验教学涉及知识点过于零散，缺乏对学生系统观、工程能力的培养，我们在实验教学中将项目驱动法和案例教学法相结合，在实验教学设计上以一个学生较熟悉的数据库应用系统的设计与开发实验贯穿整个实践课程，该应用系统的设计与开发涵盖了数据库课程实验的每个实验模块和技能训练，而每个实验模块是整个实验课程的一个有机组成部分。

实施实验课程教学时，在实践教学的第一堂课就以演示一个学生较熟悉的完整的

微型数据库应用系统入手，简要说明开发该系统所涉及的知识和技能，引起学生对一个数据库应用系统的构成和开发的好奇心，由此提出本课程实验以此微型数据库应用系统的开发而展开。让学生每堂课都带着问题学习，目的明确，能充分调动学生的积极性，从而达到事半功倍的效果。实验教学内容设计具有连贯性和针对性，通过这样循序渐进地讲解、演示和实验让学生充分理解数据库的概念和技术，从而经历一个完整的微型数据库应用系统的开发过程，达到熟练掌握知识和技能的目的。

整个教学过程以一个数据库应用系统的设计开发为项目主线，把零散的技能知识与训练串在一起，以增强学生学习的系统性、完整性。教的过程是分块的，做的过程却是整体的，紧紧围绕项目工程开展教、学、做，学完之后学生非常有成就感，同时也产生了自主研发大型数据库应用系统的愿望，学生的自主学习和独立探索能力得到增强。

2. 灵活运用案例教学法与启发式教学法，深入浅出化解难点

案例教学法是在教师的指导下，根据教学目标和内容的需要，运用案例来个别说明、展示一般，从实际案例出发，提出问题、分析问题、解决问题，通过师生的共同努力使学生做到举一反三、理论联系实际、融会贯通，增强知识、提高能力和水平的方法。

在数据库原理及应用中，关系型数据库是最常用的数据库，关系型数据库的设计都要遵循关系规范化理论，关系规范化理论是课程的重点，也是难点。教学中，教师通过采用案例教学法与启发式教学法相结合的教学方法，充分发挥两种教学法的优势，充分调动学生自主学习、主动思考的积极性，深入浅出，突出重点，化解难点。首先是案例的设计。在教学组织上，选择学生熟悉的典型案例进行分析。例如，在图书借阅管理系统中需要记录读者所借阅的图书等相关信息时，人们很自然地会采用这样的关系模式来表示：借书（读者编号，读者姓名，读者类型，图书编号，书名，图书，分类，借阅日期），进而提出“给定的这个图书关系模式是否满足应用开发的需要，是不是一个好的关系模式，如何设计好的关系模式”的问题。教师分别从关系的数据存储、插入、删除和修改操作等几个方面启发学生思考该关系模式存在的问题。

其次是案例的课堂讨论。通过以上的分析与讲解，组织学生进行讨论：如何修改关系模式结构，解决该关系模式存在的数据冗余和更新异常问题？如果要对关系模式进行分解，有什么样的原则指导分解？分解是否是最优分解？如何来实现？教师通过设问一步步地启发学生进行思考、分析和讨论，

最终了解关系模式好坏的衡量标准，了解好的关系模式设计的基本理论、方法，并能把这些知识应用到具体的项目开发过程中。

案例教学法与启发式教学法的综合运用，使学生能够积极主动参与到教学中，充

分调动了他们的主观能动性，实现了教与学的优化组合。在案例讨论中，不仅传授知识，而且启发思维，培养能力。通过这些教学方法，改变传统教学思路，增强了教学过程中的师生之间的互动，又使学生的主体地位得到了加强，调动了学生的学习兴趣。

3. 分层教学法在课程教学中的应用实践

分层教学就是教师根据学生现有的知识、能力水平和潜力倾向把学生科学地分成几组水平相近的群体并区别对待，使这些群体在教师恰当的分层策略和相互作用中得到最好的发展和提高。

由于学生存在个体差异、学习水平参差不齐等问题，采用传统的教学方法讲授数据库原理及应用这样一门理论性和实践性均很强的课程，容易造成差生“学不懂”、好生“学不够”的情况。因此，我们采用因材施教的分层教学法，考虑学生的个体差异，有针对性地进行教学，目的是使每个学生都能得到最好的发展。

首先是学生的分层。根据学生的学习基础、学习能力和学习态度的差异，确定学习水平好、一般、差的学生人数比例，将全院学生分为 A、B、C 三个层次。如高校软件工程专业（卓越工程师）的学生为 A 层，将计算机科学与技术专业、软件工程专业的学生根据实际情况分为 B 层和 C 层。

其次是教学的分层。包括：第一，教学目标的分层，遵循因材施教的原则，针对各层次的具体情况提出相应的教学目标。A 层学生成绩达到优秀，要求该层学生除完成教学大纲所规定的目标外，继续拓宽、加深知识和提高能力；B 层学生成绩达到良好，能完成教学大纲所规定的目标，较好地掌握课程知识；C 层学生成绩达到合格，达到教学大纲的基本要求，能掌握基本知识和基本技能。第二，教学内容分层，根据学生的分层及教学目标的情况决定教学内容的分层。第三，教学过程分层。在教学过程中，对不同层次的学生采用不同的方式。对 A 层学生主要采用参与教学的方式，鼓励学生积极参与、感受知识的发现和探索过程，注重培养学生自主探索、综合分析和解决问题的能力；对 B 层学生主要采用问题驱动法，通过分析问题、解决问题达到掌握所学知识的目的，从而激发学生的学习兴趣。此外，对于教学难点采用前后联系、多角度讲解的方法。例如，大多数学生难以理解抽象的关系运算，在教学时将关系运算和 SQL 查询语句这两节的内容结合来讲解。注重培养 B 层学生对知识的理解、分析和应用的能力。对 C 层学生主要采用启发式教学，通过回忆旧知识启发学生学习新知识，注重强化对基础知识的掌握，同时注意对该类学生多帮助、多鼓励以增强其学习的自信心。第四，考核评估分层，对不同层次的学生采用不同的考查方式。对 A 层学生，主要出一些难度较大的、综合性的题目，考查学生综合分析和解决问题的能力，题型可以是综合（选做）题。对 C 层学生则出简单题目，主要考查学生对基础知识的掌握。由于 B 层学生人数最多，因此针对这类学生所出的题目占试卷的分量也最多，这些题目主要考查教学大纲要求掌握的知识点。表 4–5 以“数据库新技术”这章的内容为例，具体说明分层教学的实施过程，其中，由 C 层到 A 层逐层提高教学目标、逐层增加教学内容。

表 4–5 “数据库新技术”章节的分层教学

项目	A 层学生	B 层学生	C 层学生
教学目标	学会查询学术资源、追踪数据库技术的发展动态，掌握其基本特征和方法	掌握数据库新技术的基本特征和方法	了解数据库新技术的产生和发展
教学内容	文献查找的基本方法、文献阅读的技巧	数据库新技术的基本特征和方法	数据库新技术的范畴、发展趋势
教学过程	选读数据库最新的权威文献，讨论新技术、分析数据库的发展方向	着重理清各项新技术的联系和区别、基本概念和基本思想	分析已学的关系数据库的不足，引入数据库的新技术
考核评估	考核题型：综合题（选做）	考核题型：选择题、填空题	考核题型：选择题、填空题

表格来源：陈佐瓒，蒋炎华．教育信息技术应用实训教程 [M]. 成都：西南交通大学出版，2015.

分层教学是班级授课制下实施个别化教学的有效形式，它充分考虑学生个体间存在的差异，因材施教，有利于保持其学习的积极性，从而有效提高教学效率。

4. 建立了以学生为本的立体化课程教学资源辅助平台

因材施教经过多年的课程建设，我们建设了数据库原理及应用精品课程资源共享的立体化教学平台，该平台主要包括教学资源系统、项目展示系统、在线答疑系统、模拟测试系统等部分。

教学资源系统包括教师课件、教学视频、各章习题、测试题、各种数据库管理系统工具、课外补充资料等。其中该课程网站（课件）荣获第九届全国计算机课件评比三等奖。项目展示系统把学生课外实现的典型、真实项目在网上展示，激发学生参与课外项目开发的积极性。在线答疑系统则实现了教师在网上回答学生学习过程中提出的各种问题，使得学生和老师的交流不再受限于地理位置和时间。模拟测试系统则可以让学生自己根据学习进度，设置模拟测试的章节、时间、分值，随机生成测试题目进行局部章节的测试，检验本部分内容的掌握情况，也可以学完后进行综合测试，考查对整体知识的掌握情况。通过辅助平台，不同层次和水平的学生可以根据自身情况，选择不同的资源进行学习和实践练习，学生遇到疑难问题时，还可以在线及时地得到辅导与帮助。

立体化教学资源的建设有利于形成学生自主式、个性化、交互式、协作式学习的教学新理念。立体化教学资源的运用有利于发挥学生的主动性、积极性，有利于培养学生的创新精神。

5. 基于大数据的探究式教学方法研究与探索

大数据时代改变了人们对软件人才的需求。现在的软件人才不仅要有较强的编程能力，更要有面向大数据的计算思维和认知能力。数据管理与分析技术呈现出空前的重要性，这对数据库课程的教学提出了新的挑战。我们通过“问题引入—问题探究—问题解决—知识建构”的教学环节，采用探究式教学方法进行了大数据背景下数据库技术问题的探究。

在课程教学中，通过优化教学内容中的基础知识，精选探究式知识进行讲解，教会学生进行探究式学习的方法，以适应这种变化。让学生进行自主学习，通过网络资源，搜集整理探究性知识，构建自己的知识体系结构。通过师生互动式讨论，补充整理学生的知识，初步形成面向大数据的计算思维和认知能力，更好地适应市场对数据库人才的需求。

（四）改革课程考试制度，重视能力的培养

考核是检验教学成果的有效方式和重要手段，对学生学习和教师教学具有重要的导向作用。传统的数据库系统原理及应用课程的考核成绩一般由期末考试成绩（占70%）与平时成绩（占30%）构成，平时成绩主要由出勤、作业、课内实验三部分构成，教师评分时一般只看最后上交的成果，缺乏对平时成绩的过程性监督，导致部分学生对平时作业及课内实验不够重视，应付了事，存在抄袭现象。这样就失去了作业、实验报告本身的重要意义，实验环节也不能达到预期的效果。而期末考试主要采用闭卷笔试方式，主要考核学生对数据库理论知识的掌握程度，几乎没有对实际动手能力的考核。

鉴于传统的考核机制无法对学生的动手能力和数据库系统的设计能力进行评定，我们结合数据库原理及应用课程的教学目标，在考试中加大了对实践能力考核的比重，目前数据库原理及应用期末总评成绩＝期末考试（50%）＋实验考核（40%）＋数据库设计（10%）。

期末考核采用闭卷笔试的考核方式，主要考核学生对数据库理论知识的掌握程度，对问题的分析和设计能力。考试题型除了传统的单项选择题、填空题、简答题、计算题以外，还增加了综合题，以考查学生对概念掌握的准确程度和综合应用能力。实验考核采用开卷考核方式，主要考查学生的技术能力和工程素质。考核数据库、表的创建及管理，SQL查询和SQL数据更新等知识内容，要求学生把机试的SQL代码及其执行结果的截图进行提交。数据库设计主要考核学生综合运用数据库知识进行数据库

应用系统设计、开发的能力和创新能力。学生分小组自由选题，对某一具体的数据库应用系统进行需求分析及关系表的转换、关系表的优化。建议按宿舍进行分组，并由组长制定各人员的具体分工。答辩时，先由组长陈述，然后老师按人员分工情况对小组成员逐一提问。

通过对课程学习的综合评价和考核，极大地激发了学生的学习兴趣，促进了学生重视实践能力的培养，提高了学生工程素质和团队合作交流能力，较好地实现了课程教学的目标。

实践证明，以培养学生学以致用、所学知识与企业人才需求对接、提高教学质量为出发点的数据库原理及应用教学改革，通过优化课程教学内容，精心组织实验教学，灵活运用丰富的教学方法和教学手段以及优化考核方式等一系列的教学改革措施，激发了学生学习的积极性和主动性，提高了教学质量和教学效率，还有利于培养学生分析、解决实际问题的能力及团队协作精神，同时提高了毕业生的竞争力，为学生从事信息技术行业奠定了基础。数据库原理及应用课程的教学改革仍将继续深入开展，我们将努力寻求新的切入点，使理论教学和实际应用更好更紧密地结合起来，让学生的综合素质和创新能力在循序渐进的过程中不断得到锻炼和提高，从而培养出更多适应信息化社会的复合型、创新应用型人才。

第五节 软件工程课程

一、背景

软件工程课程是计算机类专业的一门重要专业课程，在学科教学中有着重要的地位。软件工程课程由于其较强的理论性与实践性，历来是学科教学的难点。软件工程原理、技术、方法是开发软件必须掌握的基本内容，对于将来从事软件开发工作的学生，掌握软件工程学知识至关重要，因此，必须加强软件工程课程的教学工作。现在的软件工程课程教学存在一些问题，比如不少教材内容比较陈旧，在知识结构、内容取材及实践环节等方面或多或少存在缺陷，有的甚至还停留在对面向过程的结构化方法上，忽略了更适用更流行的面向对象方法。有的教材没有对项目组织、软件成熟度、软件构架、项目风险等十分重要的内容给予足够的论述。另外，软件工程作为一门正在飞速发展的学科，目前大部分教材难以及时、全面、准确地反映当前一些新方法、新技术和新工具。在教学上，太注重基础理论与知识传授，实践和实训课时少，对创新能力的培养不足。为此，很多学校采用基于项目的教学法进行教学，但在课堂上所采用的项目实践内容与实际的软件开发环境相差甚远。主要表现在由教师指定用户需求，预先定义好软件架构，固定的处理流程，以及把项目限制在可控的范围内，同时不会出现不兼容或不合法的用户需求，等等。此外，软件工程课程的教学内容是针对较大规模的软件项目开发而设计的，很多知识建立在实践经验基础之上，传统板书式注重理论知识的传授的教学方法，对于没有实际项目开发经验的学生而言，很难深入掌握软件工程课程的精髓，而且很容易对该课程产生虚无缥缈的感觉，使整个教学过程流于形式，学习效果大打折扣。所以，探索软件工程课程改革具有重要的现实意义。

二、改革目标和意义

软件工程课程教学改革目标：以坚持面向市场需求、质量第一的改革方向；以培养多层次应用型软件人才为目标；按照社会需求确定培养方向，采用适应多层次的课程体系，全面加强素质教育，培养学生学习积极性、主动性以及具有扎实的理论知识和实践操作能力；学习借鉴国内外软件人才培养经验，对教学模式、教学方法、教学内容设置、课程设置等内容进行改革；切实面对软件企业的需求，按照工程化的培养方向，改革软件人才培养模式加大软件人才培养力度，努力培养具有竞争能力的复合型实用性软件工程高级技术人才和管理人才。

三、改革措施

长期以来，软件工程课程教学是一个难点，其主要表现之一是教学实践环节与现实软件开发的环境不一致，从而教学不能适应软件开发特别是大型软件开发的需要。在传统的软件工程课程教学中，教师主要是通过书本和教案以板书的形式给学生传授理论知识和实践技能，这种传统的教学方式难以向学生更好地传授解决现实软件工程项目的若干典型问题的方法。另外，在传统的教学中，虽然学生也参与了一定的实践练习，但由于受时间以及实践项目的各种条件限制，课程实践难以在广度和深度上反映软件工程的复杂性和内在本质。所以有学者认为，能够使学生以一种接近实际软件工程开发环境来学习软件工程课程知识的可行方法是采用模拟的教学法。

在软件工程课程教学中，采用模拟的教学法，主要目标是让学生能够在一种贴近现实的软件开发环境中来学习软件工程原理和技术，模拟教学必须围绕着知识和技能来进行，所使用的模拟器至少应该具备以下一些功能和特点：

第一，应该恰当地反映软件工程的基本原理与技术。

第二，应该反映通用的和专用的软件过程。

第三，应当能够让模拟器的使用者反馈信息，以便让使用者做出合理的决策。

第四，应当容易操作，响应快速。

第五，应该允许操作者之间进行交流。

根据国外所采用的模拟教学法来看，大致可以划分为三种模拟器教学法：采用业内使用或专用的模拟器教学法，以游戏作为形式的模拟器教学法，支持群参与的模拟器教学法。下面概述这三种模拟器教学法。

（一）采用业内使用或专用的模拟器教学法

这是一种比较简单的快捷的方法，业内使用的模拟器是针对特定问题的模拟器，它通常综合考虑了一个通用的或目前正在做的专用的软件项目开发的各方面的问题。比如，成本计算、数据收集、需求分析、项目管理、风险管理、软件过程改进，等等。通常，它提供给操作者相关的输入指令，如项目的规模、软件处理流程等，根据操作者的输入信息，输出相应的结果。在模拟的过程中，操作者还可以根据中间结果，调整相关参数，改变处理流程。

这类模拟器通常从模拟最简单的任务开始，随着模拟过程的深入，学习任务也变得越来越复杂，而整个模拟过程覆盖软件生命期的各个阶段。

（二）基于游戏形式的模拟器教学法

业内用的模拟器通常是面向较复杂的问题，往往不太适合教学使用。而且这类模拟器在模拟的过程中，虽然可以调整相关参数，但使用者与模拟器之间的交互并不是很好，这增加了学习者使用的难度。而使用以游戏为形式的模拟器，除了可以调动学生学习的积极性外，最重要的是让学生容易接受。这类模拟器通常具有以下一些功能：

（1）能恰当地使用软件工程技术来引导学生完成模拟的软件的设计与开发。

（2）能够演示一般的和专用的软件过程技术。

（3）能够对学生做出的决策提供反馈信息。

（4）容易操作并且响应速度较快。

（5）提供交互功能。模拟器配有图形用户接口界面来显示被模拟的物理环境，设计者希望采用这种游戏的方式来学习，效果会更好。

（三）支持群参与的模拟器教学法

实际的软件开发都是在一个团队下完成的，一个项目的成功开发与团队成员的交流与协作是密不可分的。支持群参与的模拟器可以模拟在实际软件开发中团队工作的情形，模拟器被设计成群体讨论和群体交互过程。在模拟的环境里，操作者和所有或部分参与者通过模拟器进行讨论。文章描述了一种交互式 VIDEO 代码检查模拟器，该模拟器包括一个 VIDEO 和一个自然语言接口供使用者参与讨论。这类模拟器通常也模拟物理环境，操作者可以从一个地方转到另一个地方来讨论，每一个地方都为特定的任务所设计，操作者可以和其他角色进行对话，操作者可以从一个角色转换到另一个角色。

下面我们给出一个用于软件工程教学的基于游戏的模拟器的实例。该模拟器名称叫 SimSE，它是单个操作者使用的教学模拟器。操作者可以扮演一个软件开发团队中的项目经理的角色，由他来管理团队的成员，为成员分配任务，协调成员之间的行动。SimSE 的接口是图形界面的，它是由一个虚拟的办公室构成，办公室里摆放着桌子、计算机，还有会议室、人员、顾客和相关的项目信息，比如需求文档、设计文档和代码，操作者可以利用这些信息来做出决策，从而在一定时间和预算范围内完成项目的开发。SimSE 由以下一些部件组成：

（1）模拟器的实体：雇员、产品、项目、工具、顾客。

（2）行动，是指这些实体可以参与的操作（如编码、集成、审查需求文档、中断等）。

（3）用于指示模拟器上行动的规则。

（4）主要实体的图形表示。

（5）游戏从哪个实体开始或者开始的状态。根据所选择的模型由发生器对模型进行解析，并且把规则执行部件插入模拟的环境里，以便于执行某一操作，学生可以选择模型并进行相关的操作。

（四）基于项目驱动的教学法

基于项目驱动的教学法是一种以建构主义为理论基础的教学方法，它以项目开发为主线展开教学，整个教学过程是一种在教师的指导下，以学生为主体的协作过程。这种教学法的主要特点是始终以项目中的任务展开教学，既注重最终的实践结果，又注重完成项目的过程。其中教师的职责在于使学习者置身于探索知识之中，通过具体项目的开发提供真实的“情境”，即实际项目中需要解决的问题。然后，通过教师的指导，学生之间进行讨论来解决问题。这种模式旨在把学生融入任务完成的过程中，让学生积极的学习，自主进行知识的建构，以培养学生综合能力为最终目标。这里所说的项目，不仅是指老师在课堂上给学生布置一个大题目，也是指直接与企业进行合作，利用企业当前正在开发的项目。在课堂上通常难以提供真实软件开发的环境，可以通过走出去，到基地进行实习和实训。

一个实际的典型的软件项目在很多方面对于开发者来说是具有挑战性的。首先，开发者要了解项目背景；用户需求是不断变化并且不一致，开发者必须与用户进行深入交流；开发团队的成员对所采用的技术还不是很熟悉，可能遇到一些没有预先估计到的技术问题；此外，技术外的因素也是需要考虑的。比如，团队中成员如何进行沟通，他们对其他成员的工作风格、习惯等是否接受等。基于项目的教学，其目的有四个方面：第一，是让学生在一个与真实软件开发相近的环境中进行学习。通过学习，真正实现了以学生为主体的教学方针，学生为了完成任务就会主动去图书馆或相关的网站查阅信息，从而可以丰富知识，提高自学能力。第二，培养学生团队合作的能力。把全班学生分成几个小组，每组项目的完成情况影响对小组每个成员的评价，因此为了团队的整体利益，小组成员之间就会不可避免地展开讨论和争辩，最终达成共识，相互协作完成任务。第三，培养学生分析问题、解决问题的能力。任务设计后，让学生自己讨论，分析任务，提出问题，能充分发挥学生在学习过程中的主动性、积极性和创造性。这种分析问题和解决问题的能力同样可以应用到其他的领域。第四，培养学生的实践创新能力。实践是创新的源泉。对于同一个任务，每个小组采用的解决方案不尽相同，他们可以根据自己的知识背景和对任务的认识，对任务的实现方法进行大胆的设计，从而培养学生的创新思维，提高学生的创新能力。总之，项目驱动的任务式教学方法能够充分发挥学生的主观能动性，全面提高他们的综合素质。

四、改革成效

以广西师范学院计算机与信息工程学院为例。广西师范学院计算机与信息工程学院开设有软件工程本科专业和计算机科学与技术本科专业，在软件工程课程教学当中，教师采用基于项目以及模拟的教学方法，取得了显著的成效。通过近几年的努力，学生的理论知识与操作能力得到明显提高，学生综合素质明显增强，就业情况普遍较好，无论是课程考试、毕业设计还是到企业实习，均有良好的表现。具体表现在，在课程考试中，学生普遍能够根据软件工程原理、技术和工具进行答题，考试成绩在总体上取得良好以上的分数。在软件工程课程教学计划中，教师在期末安排了课程设计环节的教学，时间通常有三周左右，给学生布置了题目或让学生自己选题，要求学生按照软件工程原理、技术、方法去完成项目的设计。对改革成果的评价主要从四个方面来进行：考查团队成员工作是否协调；软件开发的复杂程度如何；软件工程过程的完整性和规范性是否正确；文档是否齐全和规范。其中，要求编写的文档包括：需求分析文档、软件设计文档、软件测试文档、用户手册等。从几年来的课程设计与毕业论文撰写来看，绝大多数学生都能够根据设定的要求编写软件工程各阶段的文档，经过严格系统的学习，毕业生能够独立地应用软件工程学相关原理、技术、工具来完成毕业设计和撰写毕业论文，部分学生参加软件大赛获得较好的名次。

第六节　基于教学资源库的课程综合设计

一、当前综合实训课程实施存在的问题

高校在制订专业培养计划时，将专业基础核心课程综合实训作为理论课程教学的附属单元来安排。一般在理论课程结束的下一学期，开设相应的综合实训课程，设16 ~ 32个学时，由任课老师自行决定实训方式和考核方式，通过对以往的核心课程综合实训课的实训方式、考核方式以及学生的综合实训效果进行调查分析，我们发现综合实训课程在实施过程中主要存在以下问题。

（一）综合实训题目设置不合理

这一问题主要表现在两个方面：一是题目内容简单，对理论课程的教学知识点覆盖面较小。学生难以在实训过程中学以致用，得到的训练不足，效果有限。二是综合题目很大，但学生分组过少。例如，在程序设计语言课程中，有的任课老师将综合实训题目设计为一个信息管理系统的开发与实现。该题目涵盖了程序设计语言理论课程的设计结构、数组、指针、结构体、文件操作等所有重要内容，综合性强，难度大，然而在训练方式上，却没有充分考虑学生能力和水平的差异，要求一个班学生统一完成一个综合训练题目。这就导致了能力强的学生需要专注地去完成课题，无法顾及其他同学；而大部分中等或偏下水平的学生却因无从下手而产生畏难情绪，最后无法完成练习只能通过抄袭向老师交差，训练效果很不理想。

（二）实训过程中教师指导工作没有监督

由于是任课老师自行决定训练方式，因此就不可避免地出现老师指导工作不到位的情况。有的任课老师采用课堂教学形式给学生安排1 ~ 2个课时，讲解综合实训课题的需求和主要技术，然后放任学生在机房中独自实践，学生在训练过程得到的实际技术指导非常有限，教师也无法了解学生的能力和普遍存在的知识缺陷，这对于提高课程的教学质量是非常不利的。有的任课老师甚至以学生申请在校外完成实训任务为由，采取学生自行安排、各自独立训练的方式，实训课程形同虚设。

（三）课程考核方式过于宽松

几乎所有老师采用的考核方式都是以学生交上来的作品作为评分的依据。然而，

由于训练阶段教师对学生缺少全程指导和监督，很难判断学生的作品是否独立完成，也无法单凭代码或界面的相似程度来判断学生是否存在抄袭行为。过于宽松的考核方式不但无法公正地评价学生的实际水平，也打击了真正自己动手完成实训的学生。经过分析我们发现，综合实训课程出现以上问题的根本原因，在于师资投入不足。综合实训课程教学的现状就是一个老师对全班学生。教师有限的精力和个体经验的局限性，都使他们难以根据学生的实际情况设计多个不同难度的综合实训题目，也无法有效地解答学生在实训过程中遇到的困难。

二、综合实训课程教学改革与实践

针对程序综合实训课程中存在的根本问题，高校对综合实训课程的教学实施提出了改革方案，并进行了实践。具体方案是：第一，进行综合实训内容改革。依托高校综合实训资源库，合理安排难度适中、具有可持续完善特点的题目，为后续或相关课程的综合实训埋下伏笔，同时可以促使学有余力的学生提前预习其他相关课程的知识。核心课程综合实训题目设计的具体案例，我们将在后面的小节中进行描述。第二，规范指导教师工作改革。成立实训课指导考核教师小组，每个小组成员 4 ~ 6 名，都是来自各个教研室的长期从事相关课程教学的老师。实训指导考核教师小组的工作贯穿于实训方式、实训内容以及实训考核的改革之中。

（一）实训方式改革

实训方式改革包含以下两个方面的内容。

（1）共同协调各个专业开设综合实训课的时间。采取这种开课方式带来的好处在于，同一个小组内的老师对本学期有多少个班、哪些专业开设了同门综合实训课了如指掌，大家可以互相了解实训课进行期间各个专业、各个班的情况，起到互相监督、互相促进的作用，避免了以往实训课程任课老师各自为政、缺乏监督的情况。

（2）由指导考核小组成员协助任课老师指导学生实训过程。具体实施时，规定在学生集中实训的32个学时中，指导与考核小组的老师必须与任课老师共同承担2 ~ 4个学时的实训指导工作。这一措施改变了以往实训过程中面对众多学生的问题，一个老师力不从心的状况。还有利于发现能力强的学生，将他们发展成指导老师的小助手，帮助其他同学解决问题。同时也使考核小组的老师能够更深入地了解实训的学生，在答辩过程中能更公正地进行评分。

（二）实训内容改革

由指导考核小组成员根据学生实际的编程能力和水平，从教学资源库的综合设计题库资源中，共同确定综合实训课程的题目。在指导考核小组中，有的老师教学经验丰富，有的老师实践经验丰富，在一起讨论课程综合实验内容的时候，常常碰撞出思想的火花。比如实践经验丰富的老师设置的题目往往综合性特别强，难度也稍高，这时教学经验丰富的老师就会根据学生的学习情况和实际能力，把题目拆成 2 ~ 3 个小课题，这样既保证了题目的综合性和多样性，又考虑了学生的完成能力，使得学生更有信心接受挑战，也能够在实训中享受到软件设计的乐趣。

（三）考核方式改革

考核方式改革主要体现为教师团队共同承担学生作品的答辩工作。我们将以往实训课程结束后，学生仅需提交作品的考核方式，改为作品答辩考核。

执行时，将参加实训的同学平均分配到考核小组老师的名下，一般一个老师负责 10 ~ 15 个学生的答辩。答辩时要求作品能够正确、稳定运行，学生能解释代码，或者能够对代码进行简单的修改。如要求学生按显示的要求将代码中显示命令的格式做一些修改，等等。如果学生本学期答辩没有通过，允许学生下一个学期期中前继续答辩，若第二次答辩仍不合格，则要求学生重修实训课程。

三、C 语言程序设计和数据结构课程综合设计内容改革实践

把 C 语言和数据结构课程的综合实践放在一起介绍，是考虑到两门课程在教学内容上的延续性。C 语言是计算机学科的基础课程，是学生初次接触程序设计的入门级学科，其综合实践题目应符合学生的知识水平，不宜太复杂。因此，我们在设置 C 语言课程的综合实践题目时，一般根据教学综合实践题库中的系统设计模块进行，并在出题时考虑题目的难度，适当地设置加分项。而数据结构课程作为 C 语言的后续课程，其教学内容是在 C 语言课程的基础上，让学生进一步理解现实世界数据建模的常见结构和实现方式，对应的综合实践课程对学生有更高的要求。考虑到学生的个体学习能力和水平的差异，我们将数据结构综合设计的要求分为三个层次，并赋予不同的评分标准。下面详细介绍基于综合实践题库的 C 语言和数据结构综合实践要求及设计。

（一）C 语言综合实践课程要求

C 语言课程的主要教学目标是要求学生掌握程序设计的基本语法，重点掌握程序设计的三种基本结构语句、数组、函数、指针、结构体的定义和适用，了解文件的操作。因此，在综合实践题目中，要特别强调重点要求的知识点的应用。根据教学综合实践题库的系统设计模块资源，设定的题目要求如表 4–6 所示。

表 4-6 C 语言综合设计课程内容设置

系统设计类综合题目考核点			
模块	具体要求	得分	备注
输出	显示菜单；列表显示记录数据；根据查询要求，正确显示查询结果	20	基础分
输入	允许用户输入菜单选择项；允许用户输入查询条件	20	基础分
统计	统计系统中的数量信息。如学生成绩管理系统中的学生总分；某门课程学生的平均分等	20	基础分
静态查询	能够用简单循环的方式做简单的静态查询	20	基础分
文档	文档齐全，格式正确	5	加分项
文件操作	能将数据保存到文件中，并从文件中读取数据	5	加分项
动态查询	能够实现记录的指定位置插入或删除	6	加分项
排序	能够实现记录按某个指定条件排序	4	加分项

表格来源：信息技术背景下精品资源共享课程建设路径研究

其中动态查询和排序模块这两个加分项的内容是与数据结构课程内容衔接的，设置加分项的目的是鼓励有兴趣、学有余力的学生进一步完善系统、巩固知识，激发其学习兴趣，鼓励学生提前接触数据结构课程的内容。

（二）数据结构课程综合设计要求

数据结构课程主要涉及线性表、树、图等主要数据结构的特点及其基本操作，其中线性表难度最低，与 C 语言课程的内容衔接最紧密，树和图难度较高，对学生的要求也高。根据教学内容的特点，结合学生的学习能力、水平不同，我们在设计数据结构课程综合设计题目的时候，按层次教学的思想，将题目分为基础题和培优题。其中基础题以教学资源题库中的系统类题目为主，设计的模块主要是让学生在 C 语言课程实践中完成的系统基础上，利用数据结构的知识进行完善，将两门课程的连续性充分设计到综合设计题目中让学生更具体地体会到两门课程的侧重点。下面以表 4–7 说明基础题设置的要求及评分标准。

表 4-7 数据结构综合设计课程基础内容设置要求及评分

模块	具体要求	得分	备注
插入、删除	在C语言课程设计的系统作品基础上，添加查询记录，若查找失败则允许用户在正确位置插入记录，若查找成功则允许用户选择删除记录模块	40	基础分

续 表

模块	具体要求	得分	备注
排序	在C语言课程设计的系统作品基础上，添加按不同条件排序的模块。简单排序算法需要至少完成三种基本排序算法，复杂算法（如快速排序、堆排序、希尔排序等）可以完成一种算法	20	基础分
查询	在C语言课程设计的系统作品基础上，完成指定查询算法（折半查找或哈希查找）	20	基础分
哈希查询	哈希查找若使用拉链法解决冲突	5	加分项
线性表链式存储	若系统记录采用链接表实现，则在基础分之上加分	10	加分项
文档	文档齐全，格式正确	5	加分项

表格来源：张尚伟，袁凤，郭文艳著．信息技术背景下精品资源共享课程建设路径研究 [M]. 哈尔滨：哈尔滨工业大学出版社，2018.

培优题以题库中的算法题为主，所设计的模块任务主要是让学有余力的学生能进行自我挑战，对复杂数据结构及其应用场景有初步认识。下面以基因表达式编程（GEP）算法为例说明培优题的设置要求（见表 4–8）。当然，在学生开始设计算法之前，教师需给学生培训 GEP 算法的原理和各个模块的功能。

表 4-8　数据结构综合设计课程培优题目内容设置要求及评分（GEP）

模块	具体要求	得分	备注
产生初始种群	完成生成随机数函数；正确设计种群存储结构，完成种群存储	40	必须完成
染色体→表达式树	完成相关函数，输入染色体字符串，根据数的创建算法，编写 GEP 表达式树的创建函数，输出表达式树	30	可选模块
评价表达式树	首先利用树的遍历算法，完成表达式树转为数学表达式函数，其次完成数学表达式求值的函数（栈或队列实现均可）	30	可选模块
遗传算子	设计并实现选择函数、染色体交叉函数和变异函数。要求对输入的字符串，输出按 GEP 算法规则进行交叉、变异后的字符串（可以通过指定交叉、变异位置检验）	40	可选模块
文件操作	能够将所有中间结果存储到文件中	10	必须完成
算法实现及应用	能够将以上所有模块按 GEP 的工作流程整合成完整算法代码，并能进行一个简单函数优化的实例应用		满分
文档	文档齐全，格式正确	5	必须完成

表格来源：张尚伟，袁凤，郭文艳．信息技术背景下精品资源共享课程建设路径研究 [M]. 哈尔滨：哈尔滨工业大学出版社，2018.

智能算法综合实践题目的模块设计，充分考虑了学生的能力和水平，其中每一个模块在整个算法框架下，都可以独立检验。学生选择这类综合实践题目，可以采用多种方式获得分数。一是学生可以选择独立完成，独立完成的时候学生若完成所有模块，并能正确运行，则可以获得满分；若完成必须完成的模块后，可选模块只完成其一，也能够获得满意的分数。二是允许学生组成小组进行分工，各自完成所有模块，共同实现一个完整的智能算法。

（三）改革效果

C 语言和数据结构是软件工程专业的两门核心基础课程，通过分析两门课程各自的教学侧重点，理清两门课程对学生能力要求的连续性和差别性，我们在设置两门课程综合实践题目的时候，充分利用教学资源库中的综合设计类题库，以简单系统设计为主，采用逐渐完善系统的方法，把两门课程所要求的知识点以模块化的方式添加到系统功能的设置中。这样的设置充分考虑了大部分学生的学习能力和技能水平，使学生能够学以致用，对两门课程所要求的知识点有了具体而连贯的认识。同时，我们也考虑了尖子生“吃不饱”的状况，在数据结构综合实践课程中，根据复杂数据结构在智能算法中的应用场景，设置了智能算法模块实现的题目，向优秀的学生提供开启高级智能算法学习的钥匙，达到逐渐培养学生的大数据思维，进一步提高学生的编程能力和专业素养，培养学生应用专业知识解决领域问题的浓厚兴趣的目的。

四、数据库、面向对象、软件工程综合设计实践

数据库原理及应用、C# 面向对象程序设计、软件工程这三门课程紧密联系，然而在实际学习中很多学生无法明白所学的知识相互之间有何关联，可以用来做什么，有什么样的应用价值。为此，我们提出通过综合性课程设计将这些专业知识进行综合应用，使学生通过综合性课程设计，把所学的知识综合运用到实际项目的开发过程中，将这些课程融会贯通，以激发学生的学习热情，提高实际项目开发能力，达到培养应用创新型软件人才的目标。

（一）数据库原理及应用课程综合性设计要求

数据库原理及应用课程在应用型本科计算机专业中占有重要的地位。数据库设计是该课程的核心内容，它的重点是信息管理系统开发过程中数据库设计的全过程以及数据库设计文档的撰写，突出强调数据库设计中各种模型的建立过程以及数据库设计优化问题。数据库原理及应用课程的主要内容包括：概念结构的设计、E–R 模型、关系范式及其优化，以及相应的数据字典（DD）、SQL 语言。

数据库理论及应用课程的综合设计题目包括两部分：理论知识部分和综合运用部分。理论部分主要考查学生对数据库原理理论知识的掌握情况；综合运用部分考查学

生综合、灵活运用理论知识的能力。为了考查学生灵活运用的能力，我们基于教学资源库的实例以上述重点内容考核学生应用所学知识解决实际问题的能力，要求学生在整个数据库设计中能够独立完成诸如创建数据库、表，输入数据，查询数据，更新数据等常用操作。通过实际检验，超过 90% 的学生能够独立完成所有设计任务，综合设计考核效果良好。

（二）面向对象程序设计课程综合性设计要求

面向对象程序设计课程是高校计算机科学与技术专业的一门重要的专业基础课，也是数据结构、编译原理等专业课的先修课程，在整个专业的教学体系中占有非常重要的地位。该课程对于培养学生逻辑思维能力，掌握当今程序设计主流技术有着重要的作用。面向对象程序设计课程的主要内容包括：面向对象程序设计思想、类、基类、继承、重载、多线程等。

面向对象程序设计综合设计是基于理论与应用两方面进行考核，采用知识与能力相结合、理论与实践相结合的原则。课程考试由理论考试和实践考试两部分组成，理论考试主要考核课程的基本概念语法，实践考试是对学生实践应用能力的考核，可以布置多个综合性项目，要求学生独立完成。从界面的简洁友好到内部代码的正确、高效，功能的齐全，建立公正、科学的测评体系。通过几年来教学改革实践，取得了较好的成果，学生能够运用面向对象的概念、方法和技术来编写程序，考试成绩优秀率达到 85%，部分学生在全国和省内软件设计比赛中取得很好的成绩。

（三）软件工程课程综合性设计要求

软件工程是计算机科学与技术专业和软件工程专业的一门专业基础核心课程，讲授软件工程的基本概念、基本原理和基本方法，强调软件开发问题的分析和解决。软件工程是一门理论与实践并重的基础课程，在教学实施方面存在较大的难度。传统的教学单纯地讲授抽象的理论知识，往往使学生感到枯燥无味且难以理解。软件工程综合设计可以检验学生运用理论知识去解决实际问题的能力，综合设计采用小组形式进行，共同实现一个软件作品，每个小组 5 ~ 8 人，每人在小组内担任不同的角色，在老师的指导下，在模拟的实际软件开发环境下进行操作练习。软件工程课程主要内容有软件需求分析、软件设计、软件实现、软件测试等。软件工程课程设计是综合了数据库、面向对象程序设计及软件工程相关知识来进行，其重要性不言而喻，为了对学生完成系统的情况进行评价，我们把评价作为综合设计最后一个环节，以检查学生对综合运用相关理论、方法和技术解决实际问题的能力。课程综合设计评价主要从以下四方面来进行。

1. 团队的分工与协调

软件工程课程综合设计是一个团队的工作，团队是否有合理、明确的分工，团队各成员能否相互协调好各自的工作是课程设计成败的关键。

2. 软件开发的复杂程度

软件工程课程设计要培养学生的软件开发能力，因此软件的复杂程度也是评价工作中要考虑的因素。

3. 软件工程过程的完整性和规范性

软件工程过程至少应包括需求分析、软件设计、软件实现、软件测试。过程规范程度能很好地反映团体对软件工程的理解以及实际操作情况。

4. 文档是否齐全和规范

文档是否齐全反映学生对软件工程各种基础知识的掌握程度和熟练运用的能力，是学生软件工程素质的评价标准之一。

课程设计评分包括团队答辩和文档评分两部分，两者均占 50 分。答辩时，所有团队成员都需参加。各团队按照项目背景、项目管理、需求分析、软件设计、软件实现、软件测试等介绍课程设计的完成情况，评委老师按照答辩情况，重点考查团队的分工与协调情况、软件的复杂程度和最终的实现情况、团队对软件工程过程的执行情况。这三项满分为 50 分，答辩成绩为这三项得分的平均值。

软件工程课程综合性设计作为培养学生软件开发能力和软件工程能力的重要教学手段，为课程教学提供了理论与实践相结合的有效途径。通过参与课程综合性设计，学生能更好地掌握软件开发的基本技能，培养动手能力，锻炼分析和解决问题的能力。经过几个学期的教学实践的检验，取得了很好的教学效果。首先，学生真正感到了学习压力，激发其学习程序设计的积极性。40% 的学生表示，以前用于玩游戏的时间，现在基本用于完成综合实训题目。其次，学生学习的信心和兴趣得到了提高。很多学生经过努力完成一个软件作品之后，对软件设计有了深入而具体的认识，对自己解决问题的能力也充满了信心。

第五章 “1 + X”证书制度下的师资建设

第一节 师资建设与人才培养的关系

教育，从来都是与社会、经济和文化发展密切相关的。经济全球化和教育大众化时代的来临，给高等教育人才培养带来了新的挑战，经济全球化正迅速改变传统生产方式和管理理念，同时科学技术的迅猛发展使专业知识的有效期大大缩短。人才的知识和能力要素正在发生重大的结构性变化。高等教育必须既面向社会经济、又服务学生个体，既不能脱离专业教育、又不能囿于专业教育的时代特点，为适应社会和经济发展的要求，普通高校如何创新人才培养模式，具有重要的现实意义。

一、人才培养模式概念

《国家中长期人才发展规划纲要》（2010—2020 年）把未来人才归为三类：一是创新型科技人才，二是经济社会发展重点领域急需紧缺专门人才，三是党政人才、企业经营管理人才、专业技术人才、高技能人才、农村实用人才等。从学术研究角度，一般学者都把人才分为两类：应用型人才和研究型人才。研究型人才，是指以探索未知、认识自然和社会、发现科学为己任的基础研究和应用研究的专门人才，即能够研究和发现自然界的一般规律的人才。应用型人才则是能够把已发现的一般自然规律转化为应用成果的“桥梁”型人才。作为人才培养，研究型人才和应用型人才在技能和能力发展的要求上有不同的侧重点。研究型人才主要侧重于烦琐的洞察能力和判断能力、丰富的想象力、较强的应变能力和开拓创新能力的培养。而应用型人才则主要侧重于行动的技能和能力、信息技能与能力、组织协调能力、沟通能力和实践操作能力的培养。

（一）人才培养模式

人才培养是高等学校的根本任务，不断提高人才培养质量，服务地方经济社会发展是普通高校的生命线和持之以恒的目标追求。党的十六大报告明确指出：“要全面贯彻党的教育方针，造就数以亿计的高素质劳动者、数以千万计的专门人才和一大批拔尖创新人才。”人才培养首先要确立目标，围绕社会需要，培养基础宽厚，专通结合，以具有市场竞争力为起点。构建社会需求—学校间的供求关系，学校—生源间的供求关系，联结生源的期望和社会需求，完成中间培养和转化的过程可以演化出多种模式。其核心是需求驱动型的培养模式，即需求导向—培养目标—培养模式—培养过程—评估与管理。

人才培养模式是在一定的思想或理论指导下，围绕人才培养目标所实施的教育活动而形成的人才培养的标准形式，或使人可以照着做的人才培养标准样式。人才培养模式就是造就人才的组织结构样式和特殊运行方式。人才培养模式包括人才培养目标、教学制度、课程结构和课程内容、教学方法和教学组织形式、校园文化诸要素。为鼓励和支持高等院校进行人才培养模式的大胆改革，教育部将人才培养模式创新实验区建设作为国家高等教育质量工程建设的重要内容，以倡导启发式教学和探究式学习为核心，推进教学理念、机制和体系的创新，努力形成有利于多样化创新人才成长的培养体系和培养基地。

（二）高校在国家人才培养结构体系中的定位

近几年来，我国高等教育规模得到长足发展，已经初步形成了多层次、多类型、多形式的高等教育结构体系。普通高校在我国的高等教育中所占比例高达 70% 左右，其人才培养的清晰定位将更加有利于社会经济的发展。系统论认为，任何复杂事物都是一个系统，它是由若干要素组成的相互联系、相互作用、引起不断发展变化的整体。从整个社会系统来看，普通高校的系统层次结构、隶属关系为：人类社会系统—文化系统—教育系统—高等教育系统—普通高等教育系统。普通高等院校要培养什么样的人才，明确其自身在整个系统中的位置，即定位，是基础和前提。

将国家人才结构体系比作一个金字塔，那么位于塔尖的创新人才决定着 21 世纪国家的核心竞争力；各级专门人才位于塔身，是国家发展的中坚力量；塔的底座则是大量高素质劳动者。而每一类人才，其培养模式是各不相同的。正如美国高等教育思想家克拉克・科尔（Clark Kerr）所说：“一个民主社会应具备至少三种类型的高等教育，即培养研究生和开展科学研究的模式，对本科生进行专业训练和普通教育素质培养的模式和培养实用型人才的模式。”因此，高等学校应根据各自承担的人才培养职能，即开展研究性教育、应用性教育和实用技术性教育予以分类。

我国人才培养结构体系也相应分为三类：一类是国家重点高校，主要开展研究性教育；一类是地方本科院校，主要开展应用性教育，培养各行各业应用性高级专门人才；第三类是高职高专院校，以开展职业教育为主。这与联合国教科文组织对高等教育的分类相一致。地方本科院校的首要职能是创新多样化的人才培养模式，以适应社会发展对应用型高级专门人才的需求。

1. 从高等教育在整个社会系统中的定位看

高校人才培养目标总是与其在高等教育系统内所处的层次和地位密切相连的。就我国现阶段高等教育体系而言，高等学校大致可以分为三个层次，即设有研究生院、本科教育与研究生教育并重、教学与科研并重的重点院校，以教学为主、以本科教育为主的一般院校，以培养应用型、技艺型人才的专科院校。在这里，普通高校或者地方院校主要是指地方本科院校，属于第二层次的高校，即通常所说的教学型高等院校，其人才培养目标既不同于重点大学，也与专科学校、职业技术学院有所区别，因此，普通高校人才培养才呈现为一种较为复杂的状况，但对它的分析离不开高等教育在整个社会系统中的定位。

2. 从普通高校在整个社会系统中的定位看

高等教育的多样性既需要高等学校之间的自由竞争，也需要避免这种竞争的无序化。这就需要强调高等学校的分层次发展和同层次竞争，高等学校之间人才培养层次理应有差别，即有不同的定位。在我国的高等教育系统中，存在着重点高等院校（即进入"211"工程的高等院校）和普通高等院校。据统计，"21l"工程学校占全国高等院校比例虽然不到10%，但科研经费、仪器设备值占全国高校的2%、54%，有博士学位的教师占全国高校中有博士学位教师的87%，覆盖了全国96%的国家重点实验室和85%的国家重点学科。由此可见，重点大学研究实力雄厚，在师资队伍条件、科研环境、教学资金等方面存在较大优势，应主要从事培养基础理论科学和应用科学的研究型人才。而地方高等院校由于其受研究基础、教学资金、师资条件等多方面因素限制，其人才培养目标应定位于培养应用型人才，主要为地方经济、区域经济的发展服务。这符合系统论的原理，系统是有层次、功能的。从社会经济结构来说，应用型人才是社会需求量最大的。

3. 从学校内部各要素在学校发展中的定位看

当一所高等院校有了明晰的发展定位，学校内部各要素在学校发展中的定位也就很清楚，一切都是围绕定位目标进行的，学校会充分考虑自己办学规模、师资条件、服务面向、学科布局、专业建设、课程体系、管理模式等具体要素，来服务于人才特色的培养。多样化教育的核心内涵则是构建多样化的人才培养质量观。在经济、社会高速发展的今天，社会对人才的需求是多样的，学校学科专业门类、人才培养目标、培养方式是多样的，学生的个性、志向、潜力也是多样的，这些都决定了质量标准的多样化。

（三）普通高校人才培养目标依据

现实的社会人才需求具有梯次性，教育对象自身在知识素养方面具有差异，高等教育在对学生知识教育和能力培养的标准和标高方面具有层次性。地方本科院校由于其特定的地位，决定了它必须而且应该主要承担起对于实用型人才的培养任务。地方本科院校在确立实用型人才基本培养目标的同时，要注意应用型、技能型人才或高素质的劳动者的培养。

1. 劳动力市场分割理论、工作匹配模型理论与就业目标市场的选定

劳动力市场分割理论认为，整个劳动力市场可以分为性质不同的两部分：主劳动力市场（the primary segment）和次劳动力市场（the secondary segment），二者的人员构成和运行规则有着明显的不同。之后一些经济学家认为，即使在主劳动力市场内部，劳动力市场的特征也是不同质的。他们把主劳动力市场又分为两个相互分割的部分：独立主劳动力市场和从属主劳动力市场。独立主劳动力市场的工作主要是专业性、管理性和技术性的，个人有很大的自主权，鼓励创造、自主等个人品质；而从属主劳动力市场通常是完成某个专门领域的某项专门任务，管理方式常常是制度化和程序化的。

普通高校人才培养的目标市场大都选择独立主劳动力市场和从属主劳动力市场。工作匹配理论强调个人能力和工作特征的交互作用是个人在某个工作岗位上的生产率的决定因素，因此，在一个岗位上的生产率是个人能力和工作岗位特性联合作用的结果。在个人能力既定的情况下，一些人更适合做某些工作，而不适合做其他的工作。工作匹配模型认为，某些类型的教育比起其他类型的教育在某些职业岗位上具有比较优势，突出了每种类型的教育都有自己的职业域（occupational domain），都有一组在其中有比较优势的职业，只有当某种类型或层次的教育与某个岗位域的特征相匹配时，接受教育的劳动者才能获得比较优势。工作匹配模型要求教育系统按照发挥某一类型教育在某些职业域中的比较优势的方式来运行。这就要求教育系统更加关注劳动力市场的需求，主动寻找自身在劳动力市场中的位置，针对该类职业域的特征调整专业设置、培养目标、能力要求等。

2. 学校能级理论、社会分层理论对普通高校的办学定位具有基础性作用

学校分层的理由主要有三个：一是学校差别的客观存在，学校差别是导致学校分化的前提和基础，而学校分化的发展会促使学校差别的进一步扩大；二是政府希望学校有特色，在专业教育阶段，政府并不希望学校相互模仿与雷同，而希望淡化学校好坏之分，使其各具特色；三是由劳动力市场人才需求的多样性决定。从不同视角可以将高等教育的结构分为若干子系统，它们在一定条件下分别决定着高等教育某方面的功能，但是又相互关联，构成高等教育的整体结构。高等学校层次结构即是其中之一，在国际上被称为高等学校的能级结构。它是指具有不同办学条件和目标处于不同办学层次的高等学校的构成状态，主要侧重于按高等学校的办学和学术层次及其任务和目标的不同进行学校类别结构的分析。

目前，国际上大致有如下三种能级：一是只有较高学术水平和较强的科研能力、教学与科研并重、普通教育和研究生教育并重的研究型大学；二是以教学为主、本科为主的一般高等学校；三是专科学校、社区学院、职业技术学院、短期职业大学等。三类学校的服务面向、管理体制、培养目标、专业设置、课程设置等都存在较大的区别。各层次的高等学校承担着不同规格的人才培养任务，它们培养的毕业生要为社会的各种岗位层次服务。社会对人才的需求是立体的、多层次的，因此，按照学校能级理论，普通高校应以培养应用型人才为目标。

社会分层理论是西方社会学中的重要组成部分，把它用于大学的人才培养目标制定是非常恰当的。在西方社会学中最早提出社会分层理论的是德国社会学家马克斯·韦伯（Max Weber）。韦伯的社会分层理论的核心是所谓划分社会层次结构所必须依据的三重标准，即财富——经济标准，声望——社会标准，权力——政治标准。普通高校无论在财力、社会声望还是在学术界的话语权都很难与重点大学相比，这就决定了其人才培养目标不能与重点大学雷同或趋同。

3. 由我国劳动力市场需求状况决定

地方本科院校作为国家办在地方的高等院校，理应主动适应和满足当地经济和社会发展需求，为各行业工作和生产第一线培养和输送这种应用型、技能型人才。现阶段我国人才市场的高学历趋势，使得本科毕业生就业于一般劳动者的工作岗位，将逐步地成为一种普遍现象。这也从一个方面决定了应用型、技能型人才必然地成为地方院校培养目标。

把较高层次的研究型人才的培养作为一个激励性目标，既是对普通高校在校学生而言的，也是符合这类学校自身发展需要的。首先，在高等教育范畴内，将不同高校人才培养目标确定为研究型人才和实用性人才，这本来就是一个相对的划分。学生在大学本科毕业后，是朝着研究型人才的方向还是朝着实用型人才的方向发展，不同学校只有相对的量的区别。事实上，地方院校的本科毕业生也会有一部分考上重点院校的研究生。其次，研究型人才和实用型人才也是相对的。教师、医生、工程师和管理人员是实用型人才，但优秀的、杰出的教师、医生、工程师和管理人员同时就是本行业的研究人才和专家。

从生源质量来看，普通高校本科生中历来就有一批知识素养和智力、心理素质十分优秀的学生，他们有着极强的进取心和拼搏精神，通过引导和激励这样一批优秀的青年学生向着更高层次的人才培养目标奋进，无论是对于他们本身还是整个学校的学风建设，都是具有积极意义的事情。据我们调查，湖北师范学院连续5年来每年本科毕业生报考研究生的比例达到30%，录取率为5%。尽管报考研究生和被录取为研究生的人数都只占在校学生的一小部分，但正是这部分学生的积极进取精神给一般本科院校的教学和学术研究带来了一股活力与新风。而且，普通高校本身就由于某些学科优势而设有硕士培养点，硕士培养点的设立其意义也就在于引导本校学生培养目标的提升。

此外，大众化高等教育背景下进入普通高校的教育对象构成本身也发生了许多变化。一些高考文化成绩较差的学生相继进入地方本科院校，由于知识、智力等基础条件的局限，这部分学生进入普通高校后一般都很难适应传统的本科学历教育的要求，如果严格按照传统、划一的学科教学和学术标准要求他们既不适应经济社会发展对人才多样化的需要，也不符合学生成长和发展的实际。对于这部分学生应该依据应用型、技能型人才培养的要求进行教育和培养。根据人才培养目标的不同层次实施不同的教育，这也是地方本科院校在大众化高等教育背景下切实保证教育教学质量的根本出路。但如何对这样一个层次的学生实施有效的教育，也是普通高校面临的一个新的问题。

由于一般本科院校的办学层次位于重点大学与高职高专院校之间，且人才培养定位具有复杂性的特点，故普通高校的人才培养目标应定位在以应用型人才培养为主，兼顾学术型与应用型人才培养。基于这种定位，普通高校在人才培养上要采取分层培养、分层教学的措施，这样才能取得比较好的效果。当下一些普通高校把人才培养目标定位在纯粹培养应用型高级专门人才上，显得比较单调，不太符合学校实情。

我国人口众多，人力资源相当丰富，潜在的优势并未成为现实优势，我国许多地区相当多的专业技术人员处于闲置、半闲置或“在职待业”的状态；有些高校毕业生因专业不对口分不出去，造成人才资源浪费；而我国的人才总量不足，人才占人力资源的比例远远低于发达国家，人才的专业、年龄结构和产业、区域分布的不合理性，使不少地区高级技术人员严重缺乏，尤其是创新研发人才、营销人才和网络软件人才稀缺。要顺利实施人才强国战略，充分发挥人才在推进我国经济发展新跨越、全面建设小康社会中的重要作用，就必须健全和完善与各类人才的特点和促进人的全面发展相适应的人才培养机制。普通高校作为我国大众化高等教育的主体，其人才培养理念和实践将对我国整个高等教育体系和谐发展产生重要的影响。但地方高等学校在发展过程中存在办学层次“攀升”与人才类型“趋同”的趋势，从而引发了高等教育的“悖论”和社会各方面对高等教育关注。因此，普通高校必须理性对待发展中出现的问题，树立科学的人才培养理念并在实践中寻求可持续发展的特色之路，以提供“更多的”和“更不同的”受教育机会，来满足社会对高等教育的“过渡需求”和“差异需求”，提升其在高等教育市场中的竞争力，进而步入可持续的特色发展之路。地方本科院校为满足社会多层次、多元化的社会需求，而使自身教育、培养目标出现多元化、多层次的特征。与这种教育、培养目标多层次、多元化特征相适应，原有的单一的教育模式必将被打破，新的多形式、多样化的教育方式随之将会出现，积极探索这种多形式、多样化的教育方式并使之相互促进，协调发展，这是地方高等学校所面临的一个新的重要任务。

二、师资队伍建设

（一）师资队伍的含义

高校师资队伍是指高校中承担教学工作教师的构成状况，主要包括师资队伍成员的个体素质情况和师资队伍的整体结构情况两方面。教师的个体素质包括教师个体的思想道德素质、文化素质、身体素质、心理素质等。师资队伍结构包括年龄结构、学历结构、职称结构和学缘结构等。

高校师资队伍建设就是高校运用有效的用人机制和科学的管理手段优化师资力量和师资队伍结构，使之与学校自身的实际需要和发展相适应。高等学校教师队伍建设的内容主要有三个方面：一是教师的选拔与配备；二是教师的培养与提高；三是教师的使用与管理。一流的大学必然有一流的师资。原哈佛大学校长博克教授曾指出：“学校的名誉主要取决于学生的质量，更主要取决于教师的水平”。师资队伍水平作为高校教育质量和学术水平的决定性因素，在高校办学中的地位和作用已被公认。

（二）师资队伍转型发展的新要求

普通高校的转型发展，首先必须解决作为高校发展关键因素的师资队伍建设与普通高校发展的适应性问题。2014 年 2 月 26 日，国务院召开常务会议部署“加快发展现代职业教育”，会议特别提出引导一批普通本科高校向应用技术型高校转型。这项举措将有利于扭转目前一些普通高校定位不清、只求规模的现状，引领社会摒弃一提职业教育就是低档次的陈旧教育观念，提出高校人才培养的模式必须创新，深化教育改革，搭建实践平台，产教融合，合作育人。

普通高校转型发展，打造具有中国特色的应用技术大学，培养符合国家产业升级的高技术技能型人才，学校就必须构建一支思想政治素质硬、科学理论水平高、生产实践能力强、数量和能力结构科学合理的、与地方、行业企业发展紧密结合、与建设高水平特色应用技术大学相适应的师资队伍。一方面，这支教师队伍要能扎根地方和面向行业，善于解决生产实际问题，服务地方和行业企业的能力强；另一方面，这支教师队伍要做到理论联系实际，实践教学能力强，传道授业水平高，适应现代教育培养应用型人才需要。

师资力量的建设是教学质量的关键，那么究竟应该建设一支什么样师资队伍？教育部 2006 年 16 号文件《关于全面提高高等职业教育教学质量的若干意见》明确指出：逐步建立“1+X”型教师资格认证体系，研究制订高校教师任职标准和准入制度。无论是高职实践，还是理论界已经达成了一个基本的共识，“1+X”型是普通高校教师队伍建设的着力点和方向。“1+X”型教师不仅要有一定的专业文化理论知识，而且必须拥有较丰富的专业实践经验，熟悉企业生产环境，了解企业运作过程，掌握企业组织管理方式的职业素质，从而具备从事高职教育教学的能力。

关于“1+X”型教师的界定有多种说法，一是“双证书”说，即持有“教师资格证”和“职业资格证”的教师就是“1+X”型教师；二是“双职称”说，即具有讲师职称又具有工程师职称，就是“1+X”型教师；三是既具有作为教师的职业素质和能力，又具有技师（或其他高级专业人员）的职业素质和能力的专业教师，就是“1+X”型教师；四是教师是能力之师，教师既能讲授专业知识，又能开展专业实践；教师是素质之师，既能引导学生人格价值、又能指导学生获得与个人个性匹配的职业，具备这种素质的教师就是“双师型”教师；五是就个体而言，教师是“1+X”型的，每个教师都要具备“1+X 素质”；就群体而言，教师必须是一个教学团队，这个团队由学校专任教师和企业兼职教师两部分组成，是工学互动的。教学团队的整体结构是：专业理论教学（以专职专任教师为主）＋实践课教师（以企业兼职教师为主）＋互动交流平台（以专业标准和课程计划为主）。师资队伍建设的目标：形成一支学历层次高、职称结构和学缘结构合理、老中青结合、“1+X”结构优化、专兼结合的专业教学团队。高水平的教师队伍，从其作用和功效来看，就是指一所高校内师资队伍整体教学水平高，科研创新能力强，师德修养好。

三、师资队伍对人才培养的影响

高校的生存与发展，关键在于人才培养质量，而人才培养质量的关键又在于师资队伍的质量，师资队伍是提高人才培养质量的决定性因素，教师队伍的建设是教学质量的生命线，师资队伍建设好坏主要从以下几个方面影响人才培养质量。

（一）一支高水平的师资队伍，有利于制订高质量的人才培养方案

一个好的人才培养方案有利于高校在人才培养方面把事情做对，进而把事情做好，科学的人才培养方案是高素质技能型专门人才培养的基石。一支结构合理、训练有素、高水平的师资队伍能洞察行业的发展趋势和专业的市场需求，能在市场需求分析的基础上准确地进行专业面向的岗位定位，能科学地分析岗位的主要工作过程，进而提炼出其主要的工作任务，并能科学合理地将工作领域转换成学习领域，从而制订出高质量的人才培养方案。优秀的教师队伍能科学地分析出专业的课程体系和课程内容的逻辑思路，能正确地把握课程设置的科学性和均衡性，能合理地谋划和建立实践教学体系和实践教学基地，能科学地提出专业素质教育的措施和办法，从而有效地提高学生

的知识水平、能力水平和素质水平。高质量的人才培养方案的制订离不开高素质的师资队伍的建设，科学的人才培养方案是人才培养质量提高的基础。

（二）一支高水平的师资队伍，有利于编写高质量的教材

人才培养靠"三材"：一是人才、二是教材、三是器材，其中人才即师资力量是关键，有了高水平的师资队伍才能编写出高质量的教材，从而为高素质的技能型专门人才培养提供有力的保障。由于历史和师资原因，我国普通高校教材存在本科化倾向，重理论演绎、轻技能介绍，职业化严重不足。教材大多数是重点高校本科教材的浓缩和翻版，课程实训教材技能性不强，不能体现第一线尤其是基层岗位对毕业生的知识和能力的要求，一支高水平的师资队伍能够深入经济建设第一线，调查专业面向的岗位，熟悉专业岗位的生产过程，熟悉专业学科及课程的知识和能力，熟悉高职学生的特点，他们从职业岗位上总结知识，形成技术和方法，最终编写教材，真正做到教学内容职业化，与相应职业岗位对接，学生毕业就能上岗。由此可见，师资队伍建设与教材的科学性、针对性和适用性息息相关，没有高水平师资队伍就没有高质量的教材，进而就直接影响人才的培养质量。

（三）一支高水平的师资队伍，有利于形成良好的学风

教风是指教师在教学、科研和工作过程中所表现出的思想、态度和作风，它是教师的思想文化素养和人格修养的综合体现。教师对学生言传身教，有什么样的教风就有什么样的学风，严师出高徒，庸师出蠢材。教师综合素质低下、学风浮夸、功底浅薄、教学观念教学方法落后、教学科研弄虚作假、作风拖拉，必然导致学生上行下效，以致形成学生学习态度不端正、办事作风拖拖拉拉、学习考试实践做假成风、日常生活溜须拍马、浮夸盛行、好高骛远大行其道，人才培养质量可想而知。一支高水平的师资队伍，教师知识渊博、教学理念先进、责任心强、治学严谨、考试严格、既教书又育人、教学方法科学、教学效果良好，必然会使学生学习态度端正、做人做事脚踏实地精益求精、做实事、讲真话、学习考试认真、一丝不苟、知识架构牢固、肯动手、不怕吃亏不怕吃苦，人才培养质量必然提升到一个较高的水平。加强师资队伍建设，形成良好的教风，进而形成良好的学风和校风，将会大大提高人才培养质量。

（四）一支高水平的师资队伍，有利于采用良好的教学方法

一般地，教学方法有灌输式教学方法和启发式教学方法。常用的课堂教学法有：案例分析、专题研讨、角色扮演、情景剧、模拟公司系列实训、课堂宣讲、岗位见习、自我评估、管理游戏、校园体验、项目式教学与策划案撰写等。众多的教学方法关键在于灵活运用，才能取得良好的教学效果，从而提高人才培养质量。一支素质不高的

师资队伍，要么不会使用众多的教学方法，要么只能生搬硬套，不能灵活运用，不能结合课程的实际、专业的实际、知识和能力的实际，使学生不知所云、不知所往，教学效果大打折扣。一支高素质的师资队伍能够从专业实际、课程实际、知识和能力点的实际、学生的实际、教学条件的实际出发，科学地进行教学设计和灵活地运用教学方法，从而使学生做到融会贯通，起到事半功倍的效果，大大提高人才培养质量。因此，加强师资队伍的建设，培养一支高水平的师资队伍，将有利于灵活运用各种良好的教学方法，进而快速提高人才培养质量。

（五）一支高水平的师资队伍，有利于建立普通高校学生良好的知识架构

普通高校毕业生不仅应成为其专业领域的操作手，而且应该具有发展后劲，对其从事的专业领域不仅要知道怎么做，而且还要知其然，这就要建立良好的知识架构。一支高水平的师资队伍熟悉专业教学规律，知道各门课程的逻辑关系和知识点技能点的取舍与衔接，知道各门课程的重点和难点，熟悉各门课程的知识架构，知道哪些内容该讲，哪些内容不该讲，从而有利于学生课程知识架构的形成乃至专业知识架构的形成。因此，建设一支高素质的高职师资队伍，将有利于建立普通高校学生良好的知识架构，从而提升毕业生的质量和发展后劲。

（六）一支高水平的师资队伍，有利于培养学生研究问题的能力和动手能力

一支高水平的师资队伍能科学地设计专业的单项能力实训、模块能力实训和综合能力实训，能有效地开展校内实训和校外实训，能切合实际地组织学生认知性的实训和知识迁移性的实训，能做到以工学结合为主体、辅之以研学结合和赛学结合，能科学地安排高职学生的生产实习、顶岗实习和综合素质训练，从而大大提高高职学生研究问题的能力和动手能力。因此，大学生素质和能力的提高离不开高水平的师资队伍的建设。

（七）一支高水平的师资队伍，有利于培养学生健全的人格

高水平的师资队伍，教育观念新、职业道德好、知识面宽、教学水准和学术水平高、创新精神和实践能力强，他们关爱学生，和学生交朋友，有的被学生称为爸爸老师、妈妈老师。这些教师言传身教，既教书又育人，他们引导学生学习，引导学生生活，引导学生进行职业规划，引导学生树立正确的人生观和世界观，引导学生成才，引导学生成人。加强高水平的师资队伍的建设，将会对大学生健全人格的形成，综合素质的提高产生极其深远的影响。

（八）一支高水平的师资队伍，熟悉行业与市场，与企业具有良好的关系，有利于学生融入社会、融入职场

高水平的师资队伍能做到教学、科研、社会服务相结合，通过科研和下厂锻炼熟悉行业和市场，专业面向的市场需要什么老师就教什么，为学生融入社会、融入职场打下坚实的基础。通过社会服务与企业建立良好的关系，从而建立校外实训基地，让学生课程实训、生产实习、顶岗实习有一个对口的校外场所，从而提高人才培养质量。建设一支教学、科研、社会服务一体化的师资队伍，能根据市场需要安排教学内容，能让学生在真情实境下得到训练，能培养合格的符合市场需要的应用型人才，能大大提高学生的就业能力。

第二节 高校信息技术专业教师队伍建设的现状及问题

高等教育进入大众化阶段，普通高校师资队伍的规模总量不断增加，整体实力不断增强，学历层次有较大幅度的提高，教师群体进一步呈现年轻化趋势。据教育部统计，1998 年，我国普通高校专任教师总数为 40.72 万人，2005 年达到 96.58 万人。考虑到退休等因素，近百万高校教师中，70% 以上是新进人员。由于各种原因，普通高校师资队伍建设存在诸多问题，已成为制约地方高等学校发展的“瓶颈”。尽管普通高校近年发展很快，无论从教师的职称水平还是学历状况来看都有了很大的提高，但与发达国家的发展水平的要求还相差甚远，师资队伍的素质与水平不能满足高等教育发展的需要。

一、普通高校师资队伍状况

目前，对师资队伍建设的众多理论研究，主要是从宏观的维度进行的，没有给普通高校提供师资队伍规划和建设的具体方略。目前，普通高校师资队伍的数量、整体结构、教学科研水平和服务社会的能力与应用型人才培养要求仍存在一定差距，现有的教师管理模式、人才评价体系和分配制度还不能满足学校师资队伍建设需要，不能充分调动教师的积极性。普通高校师资队伍建设比较注重教师个体素质的提高，不注重群体结构优化的现象普遍存在。

这种状况对普通高校师资整体水平的潜能发挥和教师资源的优化帮助不大，普通高校师资队伍结构优化问题如果无法解决，则其可持续发展将面临现实的危机。

（一）师资队伍不断优化，但总量不足，结构失衡

教育是百年树人的事业，师资建设不可能立竿见影。近几年的加快发展，普通高校师资队伍不断优化，青年教师中硕士以上学历占据30%以上，同时“1+X”型教师的比例也相对提高。

在扩大招生环境的冲击下，高校教师短缺，高等学校迫于形势大量引进教师，以年轻教师居多，师资管理部门除了听课评估，没有相应的培训对策。在学校发展中表现出质与量的脱节、专业与学科带头人的脱节；在教学环节中表现出培养的学生缺少专业水平；在学科发展方面表现为后劲不足。

第一，师资数量相对不足。从总体上说，高校教师人数、质量仍不能满足高等教育快速发展的需求。与迅速增长的教育规模相比，尚缺至少30万合格的高校教师。

第二，师资结构不合理。首先，教师年龄结构不合理。青年教师比例偏多，骨干教师年龄老化，教学经验较为丰富的中年教师比例偏低，缺乏有教学经验和实践能力强的专业带头人和骨干教师，各年龄段教师人数分布不均衡。目前为止，在普通高校任职的教师中，年龄普遍呈现两头大、中间小的趋势，即刚毕业或者是任职年限不超过3年的教师，和任职年限超过20年的教师所占比例较大，而在31 ~ 45岁之间的教师缺口比较大。特别是老少边穷地区25 ~ 45岁之间的初中级职称和高学历青年教师流失严重，一些冷门专业和热门专业的教师流失也特别多，这就导致部分年龄段的师资、部分专业的师资缺乏甚至出现了断层。

其次，教师职称结构不合理，具有副高以上职称的教师数量偏少，具有中级和初级职称的教师比例偏高，整体职称结构不够合理。大多高校教师中初级人才多，高层次人才少，担任领导职务的高级人才大多两肩挑，紧缺专业教师引进不足，教学科研人才规模编制少，符合时代要求的现代化新科学型教学人才相对缺少，使得高校师资队伍结构难以形成良性梯队。

最后，从“1+X”结构上看，“1+X”型教师比例偏低。全国“1+X”素质教师仅占专业教师的21.3%。从“专兼”结构上看，兼职教师比例偏低。2010年底，全国独立设置的校外聘教师只有6.8万人，占专任教师数的25.3%，而且外聘教师中真正来自企业和行业一线的比较少，多数来自其他高校。学校聘请的兼职教师有丰富的一线生产实践经验，但又缺乏传授知识的经验和能力，导致授课的效果不佳。这种缺乏实践经验和授课经验的教师，都不利于应用型高级专门人才的培养。

（二）师资队伍能力不强，素质滞后

普通高校师资队伍建设还远远不能满足高等教育改革发展的要求，仍面临着一系列的矛盾和困难，存在着一些根本性问题有待进一步研究和解决。

第一，教师知识结构单一、老化，缺乏批判思维和创新能力。几十年来，由于我国采用陈旧的人才培养模式，人才培养基础知识较窄，专业分工较细，使理工科教师缺乏人文社会知识，文科教师缺乏自然科学的知识，面对科学不断更新和渗透，边缘学科、综合学科的不断涌现，这种专才缺乏理论的底蕴，其发展和创新越来越受到制约。同时，大部分普通高校教师的补充来源比较单一，学缘结构不合理，导致学术思想非常僵化，专业知识没有更新，科研能力得不到提高，也使得学术发展停滞不前，少数教师捕捉现代信息不够、涉猎领域不宽，知识理论亟待充实和提高。

在应试教育背景下，学习与考试密切相关，学生得不到真正的素质培养。在这个背景下成长起来的大学教师，专业基础扎实，但没有进行系统的教育教学基础理论、教育教学方法培训，与学生沟通交流不畅，严重影响了知识的传授和学生的学习。在一些教师身上，当今社会所要求具有的教学创新能力、理论联系实际和将知识服务于社会的能力、适应能力和应用信息技术和现代教育技术的能力严重欠缺。高校教学中，强调一门课程，一本教材，一套大纲，一样进度，一张试卷，一种答案。教师在教学中很难展现个人教学的风格、研究的特色和求异创新，人云亦云、随大流，缺乏思想争鸣的氛围，这种僵化和单调的教学方式使得教师怠于思考，懒于探索。在教学和学术研究上，缺乏对传统理论的批判和创新，缺乏对传统方法的变革与构思。缺乏批判精神和创新能力成为我国高校教师素质不高的重要特征之一。

第二，教育教学能力不够，教育专业化不足。教书育人是教师的首要职责，教学能力是一名合格教师的必备素质。而我国高校教师“重学科专业化、轻教育专业化”的现象十分普遍。在引进人才过程中，过多注重学历和科研成果，忽视其教育教学水平，直接导致了“高校教师缺乏教育理论素养”，使传统教学模式得以自我复制，代代相袭，使高校教学改革步履蹒跚，难度大增。加之近年来受扩招的影响，许多普通高校大量接收应届硕士、博士研究生补充进入教师队伍，一方面，优化了教师队伍的学历结构和年龄结构，另一方面，不同程度地存在着青年教师教育教学经验不足、教育教学工作水平和科研水平尚待提高的问题。新教师占教师总数近半，他们既没有经过相关的师范教育的系统培训，又缺乏在社会工作的实践经验，因此，这些教师的理论和实践动手能力都有待提高。虽然他们都接受了高校教师资格培训，但现有的师资培训课程有着浓厚的普通教育色彩，缺乏适应应用型人才特殊性的培训课程，仅对教师从事传统理论教学有一定指导作用。这些因素导致了教师队伍整体职业教学能力较低，特别是缺乏教学设计能力、课程开发能力、教学实施能力、教学监控能力、组织研究性学习的能力。

目前，“1+X”型教师存在的问题：一是有双证的教师缺乏实践能力；二是学校认定的“1+X”素质教师，企业参与程度低，成果少；三是企业兼职教师教学工作时间短，教学水平较低；四是普通高校三分之二的教师是所谓的“三门”教师，即从家门到大学门再到高校校门，基本没有接触社会、接触企业，实践能力普遍较低。

第三，教师缺乏敬业精神，职业道德下降。大多高校教师思想政治状况健康向上，热爱本职工作，为人师表体现出良好的道德风范。但是，一切向钱看，拜金主义这样的价值观也在高校日趋泛滥，部分教师思想境界不高，对教育缺乏责任感事业心，主要精力不在教学科研上，过分追求自我价值和物质利益，缺乏理想、信念、自律，更缺乏敬业精神。甚至有些老师不择手段谋取名利，违背职业道德，导致学术腐败。在这样的环境氛围下，高校师资队伍不够稳定，许多老师在金钱利益的诱惑下，辞职到高薪行业。特长专业的教师过多承担社会兼职工作，如在各类特长班里担任兼职老师，这样的隐形流失对教师队伍的影响也是不可忽视的。个别教师违背职业道德，甚至违法乱纪去获取种种物质利益。一些教师缺乏敬业精神，教学的事业心、责任感下降，不安心当教师，青年教师对本职业的满意程度下降。同时，现行的教育目标和用人政策存在一定的偏差，致使教师的职业道德滑坡。在教育目标上重教书、轻育人、忽略行为规范。在用人上强调知识和学历，忽视品德、社会责任感和合作精神，造成教师队伍缺乏凝聚力。

目前，我国高校教师师德建设存在一定的问题，部分教师过多关注各种评审奖励、荣誉和称号，表现出浮躁、急功近利的心态，不能静下心来踏踏实实地做学问。高校教师队伍中的学术风气不正、学术道德失范、学术腐败等问题屡有出现，诸如抄袭剽窃、学术造假、署名不实等现象逐年增加，学术追求有所下降；教师片面追求论文数量，脱离实际，粗制滥造；教师的职业道德、奉献精神和敬业精神堪忧。

二、普通高校师资队伍生态失衡现象

生态学是研究生物个体或群体与周围环境之间关系的科学。生态学关注的是生态系统和生态平衡，生态系统强调系统中各因子之间的相互关系，相互作用，生态平衡强调系统中各因子之间通过能量流动、物质循环和信息传递，以达到高度适应、协调和统一的状态。生态平衡是衡量生态系统健康与否的重要指标，当生态系统结构遭到破坏、功能受阻，整个系统受到严重伤害乃至崩溃，此即生态平衡失调，生态系统严重失衡必然导致生态危机。教师的发展同样也可以用生态学的基本原理来解释。教师是作为整体的人与外部环境积极地发生交互作用的有机体，教师的发展是一种生态因子与生态环境之间交互影响的生态现象。从现实层面看，影响教师生存与发展的多元环境体系主要包括物质环境、制度环境文化环境和心理环境，教师发展中的生态平衡失调，会引起教师发展的生态危机。

从普通高校目前的实际情况来看，办学规模迅速扩大，学科专业建设速度加快，地方经济社会发展也对普通高校提出了更多更高的希望和要求。尽管各普通高校在硬件设施的投入不断增加，但人才资源特别是高层次人才和教学科研创新团队的缺乏已经成为制约普通高校教学、科研、产业水平进一步发展的瓶颈。这将导致教师发展中的生态平衡失调，引起教师发展的生态危机。

（一）人才引进方面的生态失衡

1. 师资队伍规划的科学性不强

师资队伍建设规划的科学性不强，导致人才引进时的制度环境生态失衡。前瞻性和互利性是进行科学性规划的两个必要因素。前瞻性是指普通高校应严格按照各学科、专业和科学的要求，规划师资需求的数量、专业背景、学历结构等；互利性是指各高校要根据社会经济发展对人才需求的变化进行适度的调整、修正，其最终的目标是保证普通高校和教师得到长期的利益。普通高校对于重点学科、专业或特色学科，专业发展还不明确，一些重点学科、专业对于今后的发展仍缺乏明确的研究方向和研究力量。这种现象在一定程度上导致了人才引进工作的随意性和盲目性，严重制约了人才队伍建设的前瞻性与互利性。

2. 现有内外环境不利于高层次人才的引进和培养

从普通高校内部的人才环境来看，人才队伍建设的基础和内部环境不甚完善，如学科整体实力不够强大、团队建设基础差、学术创新团队和优秀教学团队建设相对薄弱，同时，以高层次人才领军的科研创新团队少，结构不合理，团队合作和创新发展意识比较淡薄，尤其是特殊学科、科研、教学等团队考核方法滞后，不利于平台或团队的发展，引进人才特别是高层次人才的力度不足。一些学院学科危机意识忧患意识、机遇意识、责任意识淡薄，普通高校相关职能部门和一些学院负责人的视野不开阔、思想不解放、工作不主动，在发现和引进高水平人才方面消极等待，在落实人才引进政策方面任务不明确、措施不到位，不能抢抓机遇，充分利用国家和省市引进人才的各种优惠政策，这些因素成为普通高校吸引高端人才、培育优秀人才、稳定骨干人才的一大制约。

3. 资金投入不足

资金投入的不足是师资队伍建设的物质环境失衡现象，是制约普通高校师资队伍建设的主因。普通高校教师普遍职称、学历低，但是教师学历、学位层次的提高，需要大量的培训经费，引进人才也需要大量的经费保障，而对于普通高校而言，由于自身创收能力、行政拨款有限，因而资金不足成为制约普通高校师资队伍建设的重要因素。

（二）人才培养方面的生态失衡

1. 现有人才成长和培养机制不完善

普通高校人才培训培养的方式比较单，比较重视学历培训和访问学者，相应忽视教师的教学能力、服务地方的能力、创新能力的培养；教师进修培训的针对性不强，与学科专业建设的结合度、相关度较低；培训进修的成果主要体现在取得学位证书和发表论文，人才培养的效益有待提高；进修培训的业绩津贴偏低，缺乏必要的制度保障，教师培训进修的积极性不高。这些现象的存在导致教师成长的速度缓慢，人才培养水平难以提高，教学科研和学科建设的后劲相对不足。

2. 学术生态环境失衡

近年来，高校的学术失范现象日益严重，高等教育领域日渐萌生"市场拜物教"的导向，学术界充斥着功利主义意识；竞争的本意遭到了严重歪曲，出现了大量的学术腐败现象，包括剽窃、抄袭、雇人写文章，在学术评奖、科研基金项目评审中搞关系、权钱交易等等，严重制约了学术的健康发展。

3. 物质生态的失衡

近年来，随着国家科教兴国战略的深入推进，高校教师所赖以生存的物质环境得到了显著改善，但在高校教师的总体物质环境状况得到改进的背景之下，不同的教师子群体间，其物质环境质量的差距却在日益扩大。相关研究表明，如今，在教授群体和助教群体之间，制度性工资的差距达到 3.3 倍，而校内津贴的差距可达到 16.7 倍。在大学教师生态系统中，以助教为主体的青年教师承担着学校的大部分教学任务，是科研领域不可忽视的力量，然而，在物质利益的获取方面，他们却居于金字塔的塔底、生物链的最低端。

（三）人才使用方面的生态失衡

1. 人事制度改革不到位，考核机制不健全，师资管理队伍水平低

普通高校激励机制不完善，竞聘上岗、优胜劣汰的用人机制和竞争机制没有真正形成，聘任考核机制不完善，评价制度过分统一，忽略了专业方面的差异性，教师管理制度过分刚性化，对教师的人文关怀严重缺乏等制度环境的失衡，严重制约了广大教职的积极性、主动性和创造性的发挥。

2. 教师心理环境失衡

当前的大学教师群体处于一种不堪承载的心理生态环境之中，教师群体中普遍存在心理压力偏重的现象。据《教师职业压力和心理健康》调查数据显示，70% 的教师反映压力很大，近 40% 的教师存在比较严重的工作倦怠，近 55% 的教师心理健康状

况不佳，半数以上的教师对工作现状不满意。由此可见，高校教师的心理生态环境令人忧虑。

三、普通高校师资队伍建设存在的误区

随着我国地方普通高校的不断扩招，普通高校师资队伍也逐渐呈现出数量化、高学历化和年轻化的特点，即师资队伍不断壮大，学历越来越高且呈年轻化态势，这一变化既给普通高校带来了新鲜血液，有助于进一步提升高校的师资质量和水平，但同时也给学校的师资队伍建设带来了一些困难，甚至是一些误区。

（一）重数量扩展，轻质量提升

很多普通高校将师资队伍的发展战略简化为师资队伍的数字战略。事实上，高校师资队伍建设发展目标的内涵远非几个数字所能囊括，高校的任务是出人才、出成果，师资队伍建设的根本目的也不在于拥有什么，而在于做了什么。因此，要使教书育人不流于空洞说教，在普通高校师资伍建设上必须注重整体提升人才队伍的品质，而不仅仅是追求师资队伍的庞大数量，应努力使师资队伍发展目标实现人格魅力与学识魅力的深度融合。大学之所以称作大学，是因为大学始终拥有一批大师，他们在从事着教书育人的工作，而大师始终都是德师和才师的高度统一。

（二）重学术科学，轻教学水平

将教师队伍建设演变为科研队伍建设。很多普通高校认为，科研是评价一所大学综合实力的主要指标。因此，在引进师资和培养师资的过程中，过度向科研倾斜，将科研论文、科研项目、科研经费和科研成果视为考核的唯一指标而无视教学质量，使整个校园笼罩在科研崇拜之中。诚然，学术性是高校的根本特性，不论何种类型的高校都应该发展和繁荣学术，但高校的根本任务是培养人才，高校的一切活动首先都必须服务于育人，其发展和繁荣学术更应该成为提高育人质量的重要途径。因而，教学工作与科学研究是相辅相成的，它们共同构成学校的基本办学实力，特别是教学工作更是科研工作的基础，是高校人才培养工作的基础环节，教学质量也永远是所有高校发展的生命线。

（三）重改革口号，轻制度管理

由于普通高校采用陈旧的管理模式，以单位部门所有制为基础、以固定编制强化定岗定员为导向的封闭式教师管理模式，造成师资来源渠道单一，把教师的工作范围限定在某一单位某一学科或专业内，形成封闭的流动渠道，没有竞争淘汰和新陈代谢，影响着教师素质的提高、积极性的发挥，对教师激励约束机制的缺失，致使在某些高

校出现了“庸才沉淀”现象。一些普通高校制定的关于师资队伍转型发展的政策不够科学，缺乏合理的政策指引，只是单纯强调具有实践经历，而对如何具有实践经历，如何做到产学结合、企业和学校的人力互换，如何实现角色转换则没有清晰的政策。例如，“1+X”型教师在职称评定、工资待遇、福利待遇等方面还没有专门的政策和制度，难以体现“1+X”型教师的价值，更难以充分调动他们的积极性。同时，教师实践能力考评体系尚未建立，对教师实践能力考核处于“真空”状态。师德建设机制不完善，造成高校忽视师德建设，致使教师教书不育人，在岗不敬业。教师培训机制不完备，使得普通高校教师重科研、轻教学，重使用轻培养。特别是在教学型高校，由于教学任务的繁重以及办学经费的短缺，没有足够的精力和财力对教师进行培养提高，忽视对教师的培养，很少对教师进行知识、技能的培训。同时部分教学型高校由于教学设备落后，图书资料陈旧，不具备进行研究的条件，所以，教师的知识不能得以更新，使得一些教师的知识内容陈旧，即使制定了政策也没有很好落实到位。

（四）重“工程”项目和行政管理，轻教师综合素质和专业发展

在高校师资队伍建设的政策文件中，各类“工程”项目，如“名校长工程”“名师工程”“学术带头人”频繁出现并占据醒目位置。这固然体现了此类高校比较重视师资队伍建设，但同时也反映出在师资队伍建设中，大多都是缺啥补啥，应景之作，缺乏规划。另外，在我国高校几乎所有文件中，学历达标问题描述得最清楚、计划性最强，这主要是由于其可操作。然而，对教师综合素质的要求，描述弹性大、笼统、难以操作和把握，主要因为我国没有关于教师职业的法定操作标准，而国外高校早就非常重视教师行业标准的制定。例如，美国制定的教师培养标准既有地方性的，又有全国性的；德国制定了通过严格的培养制度达到教师培养规格的规定；日本也为教师资格培养和教师资格认定提供了相应依据和参照。相比之下，我国还存在很大差距。另外，在制定师资队伍建设规划目标时，大部分高校比较侧重于教师业绩的考核、评聘、晋升、评优，这些都是为了行政管理的需要，忽视了教师的专业发展。许多教师为了达到学校要求，避难就易，只顾提高学历而不顾专业发展。这种无视专业发展特殊需求而只重视管理的建设产生的后果是活动轰轰烈烈，效果却平平常常。

（五）重理轻文

各类院校及校内不同专业发展不均衡。调研数据表明，学校在“1+X”型教师队伍建设上重理轻文现象比较普遍。工科院校和办学基础较好的学校以及工科专业在“双师型”教师队伍建设上做得比较好，基本能够满足学生职业技能培训的要求；而文科院校及新建院校做得相对较差，不能满足学生职能力培养的需要。

四、普通高校师资队伍建设面临的瓶颈

（一）各类人才培养对象范围狭窄，趋同化现象严重

各高校建立或参与一系列的人才培养工程，是促进师资队伍建设的重要举措。普通高校在发展初期主要以参与国家、省、教育主管部门的人才培养工程为主。以江苏省为例，各类人才培养工程包括：“333 高层次人才培养工程”“青蓝工程”“六大人才高峰”资助项目等，学校对照选拔条件，符合条件的培养对象仅局限在很小的范围之内。近年来，普通高校逐渐开始建立自己的人才培养平台，但仍以学术带头人、学科带头人以及教学名师等高层次人才为主，培养对象的范围局限在一小部分人之内，趋同化现象严重。

（二）师资队伍的评价机制不合理，与办学目标不相适应

普通高校师资队伍的学术评价缺乏科学合理的制度保障，具体主要表现在两个方面：一是评价制度的同质化。普通高校师资队伍的评价体系主要参照传统本科院校，在教学和科研的权重、科研成果转化和社会化过程中的贡献率指标等方面没有体现出与传统本科院校或研究性大学的应有区别。《国家中长期教育改革和发展规划纲要（2010 — 2020 年）》指出：高等教育要“重点扩大应用型、复合型、技能型人才培养规模”，要“引导高校合理定位，克服同质化倾向，形成各自的办学理念和风格，在不同层次，不同领域办出特色”。因此，要实现此目标，学校应根据自身的办学理念、办学目标来制定避免同质化倾向的评价体系，只有这样，才能正确地引导和开发人才，激发人才快速成长和个性化发展。二是学术评价体系急功近利。国家对学校办学水平的评价主要以论文的数量、科研成果的级别、科研项目的经费为指标，这势必会影响到应用型本科院校对教师的学术评价体系的建立，追求学术成果的数量、量化评价科研成果成为学术评价的主要导向。在这样的导向下，其结果就是教师失去了沉浸于科研的心态，处于浮躁和急功近利的状态，追求重量轻质的科研结果。科学的进步来自知识分子的自由研究，他们研究自己选择的课题，并受认识未知事物的好奇心驱使。因此，普通高校需要避免建立急功近利的评价体系，引导广大教师营造良好的学术氛围。

（三）部分青年教师缺乏工程实践能力，难以满足人才培养的要求

近年来，普通高校重视师资队伍的学历，引进了一大批具有博士或硕士学位的青年教师充实到教师队伍中来，使得青年教师成为学校承担教学工作的主力军和重要力量。这些青年教师有着扎实的理论基础和较强的科研能力，但他们从学校到学校，缺乏工程实践的经历，工程实践能力相对较弱，这对培养应用型人才的高校来讲，将会

严重影响教学质量和人才培养的要求，最终影响学校特色的形成和彰显。

（四）师资流失严重，导致在校教师教学、科研压力大

目前，全国各高校都存在着师资流失的现象，有的是通过辞职或调动的方式跳槽到了外资企业、政府机关；有的则是通过考博或出国留学方式离开学校，不再回来；还有的是由落后地区高校辞职流向发达地区高校。流失的教师大多具有高级职称或硕士以上学历，且多为中青年骨干教师，越是热门专业师资流失越严重。还有一种隐形流失则是部分教师在应付本职工作的同时，热衷于校外兼职、开公司，把第二职业放在首位，而把教学放在业余的位置。这种隐性流失既影响了正常教学秩序，又保证不了教学质量。以黑龙江省普通高校为例，由于地处偏远，区域经济欠发达，人才流动呈现严重的不平衡状态。据调查统计，近年来黑龙江省人才引进与流失的比例在1∶10以上。其中硕士以上学历、副教授以上职称人员约占流失总数的86%，而且引进、补充的人员多数是低职称、低学历的中初级人才。而这些人员在积累了一定的经验和资本、学历和职称得到相应提高后，仍然有相当一部分会向外流动。这种不正常的流动，致使本来师资力量就偏弱的普通高校教师队伍中骨干力量比例大幅下降，师资队伍的整体水平和竞争力严重受损。

师资流失数量大的同时，高校学生规模却迅速膨胀，两个因素造成更大的教师缺口，在校教师承担了大量的教学任务，平均每位教师的工作量都要超过标准工作量的一倍，甚至有的达到两倍，教学完全超负荷运转，使得在校教师只好把精力全放在教学上，没有多余的时间和精力进行知识更新，提高教学研究水平。另外，教师职称的晋级与科研情况密切挂钩，学校的申硕、申博或由学院升格为大学，也主要是考核科研成果，这就要求教师必须花费很大的精力从事科研，不少教师切身体会教学和科研的双重压力。由于普通高校在师资补充上大多引进本省高校的毕业生，甚至在本校毕业生中选择，从而导致“近亲繁殖”的现象比较严重，课堂教学方法几十年不变，科研能力一代不如一代，自我调节和更新能力较弱。

第三节　高校信息技术专业师资队伍建设的内容

高校师资管理工作的内容很多，主要包括：对教师进行认真选拔、补充、培养、考核、晋升、奖惩、调整以及交流，做到合理地、科学地安排和使用人才；为教师的培养成长，以及智慧与才能的充分发挥努力创造必要的条件；按照高校师资队伍建设的目标要求，建设一支适应高等教育事业要求的师资队伍。以上三项内容各自独立又相互联系，相互渗透，最终综合表现在师资队伍建设工作上，故本节主要阐述师资队伍建设的内容和要求。

一、提高教师思想素质

韩愈的《师说》提出：“师者，所以传道受业解惑也。”，不管什么时期什么制度的国家，教师都以自己的世界观影响学生。我们是社会主义大学，高校的教师不仅要传授知识，开发智力、培养人才，为物质文明建设作出贡献，同时教师又是精神文明的传播者和建设者，师资管理工作要重视思想、政治工作，使广大教师坚持走社会主义的道路。

第一，在塑造社会主义建设者中发挥人类灵魂工程师的作用，在文化修养、思想境界、道德情操等方面都真正成为教育对象的表率。

第二，在师资培养中要重视对教师良好内在品格的了解、发掘和培养。科学征途没有平坦的道路，教师成功的要素，除具有某一专门领域的知识和技能外，更主要的是具有调节知识技能的概括性的心理活动系统，这也属思想素质范畴。

第三，在教师队伍中形成一个良好的学风是学校的一项基本建设，因此，一方面，要继承发扬我国老一辈科学家、教育家热爱祖国、治学严谨、艰苦奋斗的优良传统；另一方面，应大力提倡解放思想，实事求是，勇于探索，勇于创新，坚持真理，修正错误的优良学风。

二、提高教师业务素质

教师的业务素质包括文化素质和能力素质，这是教师素质结构的核心要素，是教师从事教育教学工作所必需的最基本的条件。教师应具有精深的专业知识，广博的文化知识与教育科学知识，要具有教育能力以及专业技能。一个“道之未闻”“业之未精”、孤陋寡闻的教师怎能“传道”“授业”“解惑”呢？因此，师资管理工作，一方面要提高培养教师的业务素质，另一方面要注意不同学科不同职务对业务素质的不同要求。根据目前的师资状况，在师资队伍建设中应强调重视能力培养。教师主要应具备如下能力。

（一）教育能力

1. 了解学生的能力

学生是教育的对象，善于了解学生是教师完成教育工作任务，实现教学目的所必备的重要能力。其特点为：热爱青年，易于接近，严以律己，与人为善，细微深入，迅速准确，全面客观。

2. 语言表达能力

语言是教师表达思想、传授知识、传播文明、启迪学生智慧、塑造学生心灵的最基本的工具和最重要的桥梁。教师表达能力的强弱，直接关系到教育、教学工作的效果。其要求一般是：准确明晰，具有科学性；简洁精炼，具有逻辑性；生动活泼，具有形象性；通俗易懂，具有大众性；抑扬顿挫，具有和谐性。

3. 教育机制

教师在教育活动中的机敏性以及处理突发事件的应变能力也是很重要的。教师处理事情主要是善于引导、敏于应变和恰于分寸。

4. 自我调控能力

自我调控能力主要包括两个方面：一是根据客观需要调控自身主体结构的能力，主要是随着科技、生产的发展，要有自学能力，及时更新知识、调整知识结构的能力。二是调控自身的心境情绪和情感的能力，以愉快乐观、发奋向上的精神状态影响学生。

5. 组织能力

教师的组织能力在教育教学工作中起着一定程度的决定作用。具体包括：制订教育教学计划的能力，组织加工教材的能力，组织管理课堂的能力，组织学生活动的能力（包括课堂、实验、实习等）。

（二）专业技能

虽然不同的学科，不同类型的学校，有着不同的要求，但是国家一直强调重视实践环节，强调动手能力的培养应是适应所有学科的。由于受“重理论轻实践”的思想影响，目前，教师尤其是青年教师的动手能力较差的问题较为突出，明显影响教学质量和培养人才的水平，应引起足够的重视。

三、优化教师队伍结构

教师队伍结构是衡量教师队伍质量的一个综合指标，其结构可分为年龄、性别、学历、职称、等不同类型，其中以年龄、学历、职称结构为主。

（一）年龄结构

年龄结构指教师整体中不同年龄教师的构成比例。年龄不仅是一个人生理功能的标志，也是一个人知识积累多寡、智力发挥高低的标志。根据教学需要，在一定编制内老、中、青三者应有一定比例，使队伍中既有丰富经验和阅历的老年教师、也有年富力强的中年教师，还有思想敏锐的青年教师，三位一体可发挥整体的最佳效益，使事业发展后继有人。最佳比例应为多少，目前没有一个法定的数字。根据对大多数学校的调查，认为以 3 ∶ 3 ∶ 4 或 2 ∶ 4 ∶ 4 为宜。具体到每个学校因情况不同而不应划一。年龄是个自然现象，目前全国高校普遍存在中年教师比例过小的现象已引起大家重视。

（二）学历结构

学历结构指不同学历（或学位）教师的比例。学历代表曾接受正规教育的程度，是衡量一个人能力和知识的标准之一。一般来说，在教师队伍群体中，拥有高学位的比例越大，群体的业务基础越好。世界上一些科学文化比较发达的国家都比较重视“高学历”，尤其在师资队伍建设上更是如此。例如，德国要求大学教师必须具有博士学位；加拿大规定大学教师都要有博士学历；而在美国，助教一般由研究生担任。我国目前由于历史原因，在高等学校中具有研究生学位的教师仅占 21.29%；即使在重点院校也还不足一半；一般院校（包括大专）中青年教师中还有 70% 左右为本科学历。因此，应采取多种措施提高教师的学历水平。

（三）职称结构

职称结构亦称“职能结构”，指教师中初、中、高各级职务（职称）的比例。这是衡量教师群体素质状况的尺度之一。在高校教师职务结构中，教授、副教授、讲师、助教之比有倒金字塔型、卵形和金字塔型三类，其结构模式哪种为佳，尚待研究。目前，我国有的主张教授：副教授：讲师：助教为 1 ∶ 3 ∶ 4 ∶ 2；有的主张高职：中职：初职为 2 ∶ 4 ∶ 4，对此没有统一的看法。我们认为，一个学校教师队伍的职务结构是否合理，最基本的是看教师的职务结构是否与承担的教学科研任务相适应。适应则合理，否则不合理。随着教学科研要求、任务的变化，其比例也应相应变化。

（四）性别结构

性别结构指男女教师的比例。性别结构在教师结构中不占重要地位，只是部分专业、学术有特殊要求。

（五）学缘结构

学缘结构，此结构反映教师所毕业学校的情况。在师资管理工作中要尽可能使教师来源更广泛，这样可吸收各方面教学经验和教研成果，避免“近亲繁殖”。

结构优化是个复杂的“建设”过程.它不完全由主观愿望决定，外界影响作用较大。这更要求师资管理部门应始终不渝地把群体优化放在重要地位。

四、学术梯队的建设和学科带头人的培养

（一）学术梯队的建设

现代科学发展的特点是既高度分化又高度综合，自然科学与社会科学相互交叉，相互渗透。个人努力已不能适应科学形势的发展，而需要集体的共同努力。因此，师资培养在着眼于个人培养的同时更要重视学术梯队建设。

学术梯队指由老、中、青三部分教师组成具有合理人员结构的学术群体，其能力结构和年龄结构方面应有合理组合，具体指：

第一，要求老、中、青三部分教师组成，不仅使该群体年龄有不同层次，更重要的是使该群体由学术造诣高深，基础雄厚的老教师，和具有强烈事业心和责任感，学术造诣较深，勇于进取的中年教师，以及思想敏锐，接受能力强的年轻教师，构成合理组合。

第二，合理结构的要求主要体现在：一方面，有合理的知识结构，即具有高、中、初级知识水平的人的比例呈三角形，一般是 1 ∶ 2 ∶ 4 或者 1 ∶ 3 ∶ 9 较为合理；另一方面，在智能结构上要求有不同特点和水平的“识”“才”的人有机地组合在一起，充分发挥每个人的作用，互相取长补短、通力合作，提高适应性，提高工作效益。这里还必须指出学术梯队的结构不是一成不变的，它始终处于一种动态管理之中，随着学科发展、社会需要以及组成人员的实际水平的提高将不断得以调整、补充。

（二）学科带头人的培养

学科梯队建设的关键是选拔和培养学科带头人。一个学科若缺乏出色的带头人，这个学科将难以形成自己的特色，影响其发展的前景。学科带头人应该在某一学科领域内成为其余教师的表率和领路人，不仅亲自参加教学、科研的实践，而且要能团结和带领一班人共同在教学与科研中创新突破，夺取具有国际国内先进水平的重大成果。在选拔学科带头人时要克服论资排辈、平均主义和求全责备等片面思想，坚持按政治素质、学术水平、业务能力与治学精神四方面进行全面衡量。学科带头人的具体条件如下。

第一，坚持四项基本原则，事业心和责任感强，学风正派，治学严谨，具有一定的教学、科研组织能力。

第二，在本门学科（一般指二级学科）领域内，有宽广而扎实的理论基础和丰富的教学科研经验；能开出两门以上课程，在其中一门课程中有自己的科研成果；熟练地掌握一门以上外语及必要的治学工具的能力；有长期而稳定的科研方向，能够及时掌握国内外该学科发展动向，并具备赶超国际先进水平的能力；有系列的论文和专著，

在国内同行中有一定声望；能指导博士研究生。

第三，身体健康、精力充沛，年龄一般应在55岁以下，今后应逐渐降到45～40岁。

第四，具备较好的内在品格，如思维敏捷，善于选择目标，并能为之坚韧顽强地去努力工作。

新建院校在没有理想的学科带头人的情况下，可从选拔学科骨干开始。学科骨干的条件除了必须具备的政治素质和内在品格外，在业务上至少应具备能开两门课，教学效果良好，能独立进行科研工作并取得一定成果等条件，并能运用一门外语，顺利阅读专业书刊。

师资管理部门在学科带头人的培养工作中，主要抓选苗、抓计划、抓出成果，为教师提供必要的人力、物力、财力、环境等条件，进行生动、及时、有效的思想政治工作，使他们在工作实践中迅速形成学科梯队。学科梯队一旦形成，必须保持人员的相对稳定，不经学科领导人同意不要轻易调动。对学科带头人除了为其优先提供图书资料、仪器设备等物质外，还应尽可能减少其行政与社会工作以及各种杂务，保证其主要精力用于从事教学和科学研究工作。

五、建立和完善师资管理制度

自中华人民共和国成立以来，各高校在师资培训工作方面都做了不少工作，取得了显著成绩。尤其步入80年代后，"管理"作为一门科学受到重视，促使师资管理工作进入了一个新的阶段，科学化、制度化、规范化的管理水平不断提高。

（一）业务提高制度

业务提高制度的科学性决定于必须符合大学教师成长的规律。经对国内外有关资料分析，教师从大学毕业任教到退休，大致需经历四个阶段。不同阶段的特点不同，师资培养、提高的制度、方法也相应不同。

1. 明确方向，调整、充实知识结构阶段

这个阶段一般长达5年。青年教师刚到高校任教，这时首先是需要根据客观的需求和个人的实际，确定其主攻的方向，充实与调整其知识结构。在此阶段，系、教研室负责人或老教师要对他们进行各方面的指导。为了加速新教师的成长，可建立和完善以下制度。

（1）新教师开课申请、批准制

大学刚毕业的青年教师一般不安排上课，而应承担两年实验室或理论课的辅导答疑等助教工作，目的是打好基础，提高业务水平。然后，有计划地试教两次以上，或先担任一部分教学任务。此时，要组织教研室教师听课，并及时评课，待确认其具备

了开课条件，由教研室填写“青年教师开课申请表”，经系务会议讨论通过，报教务处备案后，才能获得开课资格。

特殊情况下因工作需要，有的课程如公共外语、数学、体育、美术等，需要刚毕业的青年教师独立担任一门课时，应确定指导教师负责经常检查教案，听课，直至具备讲课条件时，再填写“青年教师开课申请表”，经教研室、系同意，报教务处备案。

（2）导师制

青年教师业务素质的提高集中表现在过好教学关和科研关。为了缩短这一过程，可由教研室根据教学、科研规划指定一名治学严谨、学术造诣较高的老教师为指导教师，由指导教师负责制订或审定进修规划和年度计划。为了激发双方的积极性和责任感，还可以进一步采取“合同制”。双方签订合同，明确各自任务，定期由系、教研室负责检查计划执行情况。学校为了鼓励“老带新”可设立“师徒奖”，对进修任务完成较好，成绩显著的给予鼓励，充分肯定双方的成绩。

（3）学分制

在各级学校中，高校对教师学历的要求最高。在职称评定关于讲师任职条件中，明确规定学历要获得研究生毕业证书、第二学士学位证书或获得硕士学位。由此各高校在进人时都要求进硕士生，但事实上由于种种原因，教师队伍中还有一定数量的本科毕业生。尤其是一些基础课，如公共外语、高数、机械制图、体育、美术等课进入硕士生有一定困难。规定本科毕业的助教在五年内修完四门硕士课程，包括两门专业课，一门专业基础课，一门外语，共计 14 学分。一般情况下，专业课和专业基础课由系组织专家、教授讲课和辅导，外语由学校统一办班。经教务处严格组织考核，合格者可承认其获申请中级职称的资格。在本校指导力量不够的情况下，少数教师可以到外校随硕士班听专业课或专业基础课，并参加考试，取得合格成绩。实践证明这个制度有利于调动青年教师的积极性和稳定教师队伍。

（4）补修教育理论

高校教师来自师范或非师范院校。非师范专业毕业的教师在校学习时，没有学过教育理论课程，这对他们从事教学工作在短期内有一定影响。为了使他们尽快胜任工作，各校的经验证明，必须补修教育理论。可举办教育理论进修班，使他们通过学习，掌握理论，指导实践，提高教学能力。为了促进这方面素质的提高，应与评职称条件挂钩。

2. 知识能力上升，进入创造阶段

此阶段一般也是 5 年。进入此阶段，理科教师早些，工科次之，文、医科迟些。此阶段是知识能力上升最快，并且开始出成果的阶段。系、教研室负责人要创造条件让教师迅速获得该学科的最新信息，扩大他们学科上的时空观。为此，应安排他们主讲一门课或参加重大科研课题，使之在实践中锻炼提高。此时期，教师必须注意避免忙于上课或完成科研任务，而忽视总结提高，故应规定每年必须要认真总结，写出书面材料，同时应规定每位教师在公开杂志上发表的论文数。

3. 出人才，出成果阶段

一般从 30 岁左右到 50 岁左右是出人才出成果阶段。1978 年曾有人对全世界获诺贝尔奖奖金的 325 位科学家作年龄分析，证明 30 ~ 50 岁是最佳年龄组，占获奖人数的 70%。

为了充分发挥教师最佳工作状态的作用，使其加速成才，学校应做到：一是必须委以重任，即加重他们的科研任务，承担乃至主持重大研究课题。让他们担任难度较大的课程或新开课程，负责培养研究生以及主持学科梯队或开拓新的学科。二是重视再提高。这阶段的教师在业务上已有一定基础，是教学科研的骨干，但社会在前进，科学在发展，要使教师适应发展的需要，在重点培养青年教师的同时，要重视中老年教师的业务素质的再提高，一方面，可根据各人的条件，创造机会安排出国考察，参加国内外重要的学术会议，与国内外著名学者进行学术交流；另一方面，根据任务需要，给他们业务休假，进修本学科最新知识以及相关的知识与技能。

4. 总结阶段

教师一般到了 55 岁以后，受自然规律的影响，创造性成果不多，但在教学或专业方面都积累了十分丰富的经验，为此师资管理部门应有计划地发挥他们在教学中的骨干作用和科学研究中的指导作用。一方面，给他们配备助手和创造其他条件撰写专著或主编高质量的教材；另一方面，总结老教师的丰富教学经验，包括治学方法，将其传授给青年教师和研究生，还可指导教师选择科研课题，等等。

（二）思想素质培养

"为人师表"意味着教师在政治思想、情操各方面都应是学生的榜样。教育者应先受教育，教师政治思想建设主要是强调使教师把握住正确的政治方向和具备高尚的师德。对此可相应建立有关制度。

1. 有关教师政治纪律的规定

根据社会主义精神文明建设和培养社会主义事业接班人的要求，结合学校实际，对教师在教学、科研中坚持正确的政治方向提出明确要求，社会科学的系、室负责把好教材、教案的政治关。为促进教师自觉维护政治纪律，院校在评比先进和考察、晋升中都要把维护政治纪律作为首要条件。

2. 安排青年教师下基层锻炼

青年教师具有接受能力强，但对国情了解不够，缺乏社会实践经验的特点。在师资队伍建设中，必须积极贯彻落实国家教委《关于高等学校青年教师参加社会实践的意见》要求，有计划地采取多种形式安排青年教师下基层锻炼一年，如参加“社教”，到工厂、下农村锻炼等，使青年教师了解国情民情，坚持社会主义方向，坚定走共产主义道路的信念。为了保证下基层锻炼制度，首先，要端正认识，克服下基层浪费时间、荒废学业的片面思想；其次，可规定将是否下基层锻炼作为取得评审“中职”资格的条件之一。

至于下基层的方式，尤其是下农村，不能采取过去的方式，而应采取适应农村经济体制改革的新途径。根据有些学院的经验，建立锻炼基地或事先联系确定一个县作为锻炼地点。首先，院校与县政府商量把青年教师安排在县内有关单位，然后由单位负责安排锻炼任务。这里必须指出的是青年教师到县城后，必须向当地政府说明学校对教师下基层锻炼的具体要求，如深入乡、厂的时间。一定要超过半年以及在下基层的一年中必须参加一个月以上的体力劳动等，避免长期坐机关。同时，要建立临时党团组织，院校定期检查、考核，最后每个人都要作出书面总结，归入档案。

3. 有计划组织教师参加社会调查

这不同于下基层锻炼，而是结合教学计划内的课程或专门组织教师围绕一个中心问题进行调查、访问，使教师了解社会，了解经济，了解工、农，树立正确的观念，纠正一些模糊思想，在政治上更成熟。这对文科教师尤为重要。

（三）教研室活动制度

教研室是高校教学、科研的基层单位，培养师资是教研室的主要任务之一。有计划地开展教研室活动，发挥整体效应，是实现师资培养规划和年度计划的重要途径。要取得理想的效果，必须建立健全教研室活动制度，主要体现在：

1. 严格活动制度

明确规定教研室活动时间，一般每周进行一次。必须严格执行，并且要有考勤，有记录。

2. 认真制订教研室活动计划

根据本组教学、科研任务和组内教师实际情况，认真安排一年内的教学专题研究，教学和“教书育人”经验交流以及科研报告、学术交流等活动。

3. 坚持集体备课

这对公共课或青年教师较多的课程尤为重要。采取共同讨论教学目的和课时安排，或分任务重点备课的方式，逐课由一人发言，讲述备课的主要内容、教法，然后互相研究课程的重点难点，最佳的教学方法，乃至实习和作业内容等问题。不仅有利于促进教学质量的提高，也有利于师资业务素质的提高。

要使教研室活动制度真正发挥作用，首先要有一位工作认真负责，有一定业务水平，热心于社会工作的教研室主任；其次要认真检查、考核各人的进修计划执行情况和教学实践，及时表扬先进，促进后进，使全组人员共同提高。

（四）考核和业务档案

“高校六十条”规定：“学校应该定期对教师进行考核和在考核的基础上逐步建立、完善教师的业务档案，是师资管理中的基础工作，对全面评价和合理使用教师和推动师资队伍建设工作起着重要的作用，一定要使其制度化。”

1. 考核

考核一般有三种：（1）教学、科研、进修等具体项目或环节的考核（评定）；（2）定期的（一般是一学年一次）政治与业务的全面考核；（3）教师职称评定前的考核。在具体工作时要把三者结合起来。

通过考核可以了解各类教师的教学、科研水平，工作实绩，工作态度等，以达到总结经验、吸取教训，摸清情况的目的，为提职、晋级提供依据，为师资队伍建设中有效培养和合理使用教师，正常流动和建立科学的管理制度打下基础。这样做有利于调动广大教师的积极性，促进教学、科研、开发、咨询等工作的顺利完成，逐步形成一支结构合理，人员精干的师资队伍。

考核内容主要有三个方面：第一，政治表现。主要考核教师的思想政治表现、道德品质和工作态度，特别要重视教书育人，完成本职工作的情况。第二，业务水平。主要考核教师的教学、科学研究工作的业务水平和创新精神及其能力。第三，工作业绩。主要考核教师在教学、科研等各项工作中的实际贡献。对兼任党政工作的教师，还要考核其在所担任的工作中的管理水平与工作成效。依据职称与责任相符的原则，对不同职称教师的要求，除政治要求统一外，在业务水平与工作成绩的考核中都应不同。职称越高，要求越高。为了使考核工作真正起到促进作用，可试行《教师工作规范》，以此作为教师考核的统一标准，也是平时教师工作的准则。

2. 业务档案

建立教师业务档案，及时记载教师教学、科研水平的提高和工作成绩，定期利用档案，分析师资情况，全面掌握教师的业务成长过程，对合理使用人才、选择学术带头人、准确地晋升、有计划有目的地培养人才都具有重要作用。

业务档案的内容大致为：①个人的学历、经历与业务自传。②担任过的主要教学与科研工作和实绩。③国内外进修、考察、讲学及参加学术活动的情况记录。④公开发表的论著、教材、译著等目录及其主要内容，包括对上述著述的评价。⑤教学、科研、实验等各种考核记载。⑥创造发明、创作演出、技术革新成果及其鉴定与评价。⑦确定与提升教师职称呈报表以及业务奖惩等。

教师业务档案以一人一档，所收材料必须是能反映教师水平、能力、贡献的事实素材。

业务档案的建立，现有校、系或校系共同建立使用三种情况。实践证明，以校系共同建立，校一级统一管理，校系与有关部门共同使用比较好。随着科学技术的发展，不少高校已使用电子计算机建立和管理教师的业务档案，是信息容量大，使用方便的先进科学手段，有条件的学校应尽早采用。

第六章 “1 + X”证书制度下的信息技术人才培养平台构建

第一节 学科基础平台建设

培养“1 + X”制度下信息技术专业创新应用型人才，必须要建设与之匹配的人才培养平台。高校积极探索面向“互联网+”时代发展需求的多维融合的应用创新型信息技术人才培养平台建设，包括学科基础平台、校园品牌学生科技活动平台、学科竞赛与大学生创业创新项目活动平台、大学生科技实践与创新工作室、卓越工程师实验班建设等。

在高校建设中，学科建设与本科人才培养是彼此促进，相互依存的。基于学科建设培养高质量应用型本科人才，能够充分利用学科建设资源，建立人才培养的长效机制。培养高质量人才需要稳定的资金投入，而只有将学科建设与人才培养相结合才能保证资金投入，以学科建设为龙头，实施人才培养、科学研究、基地建设、队伍建设一体化，将人才培养质量纳入学科建设绩效考核指标，通过学科建设目标的实施，才能保证人才培养质量，同时高质量的本科人才培养为学科创新提供有生力量。因此，学科建设与高质量本科人才培养是相辅相成的。

高校注重学科建设与“1 + X”型信息技术专业人才培养的有机结合，积极发挥学科建设和人才培养互为支撑的作用。高校学科建设中的科研基地建设为“1 + X”型信息技术专业人才培养提供了优质的实践与创新基地，同时，持续的科研工作促进高校和企业间保持密切联系与技术协作，为培养高质量应用型人才提供了知识背景与实践环境。此外，高校积极吸纳学生参与学科建设中的科研项目，为学生进行学术研究创造了条件，确保了人才培养经费的投入。

一、学科建设

（一）学科概况

高校现拥有计算机应用技术、计算机软件、网络信息安全三个研究所。例如，广西高校重点实验室——“科学计算与智能信息处理实验室”，广西高校重点校地、校企共建科技创新平台——“物流智能控制研究开发实验室”。近三年来，依托科学计算与智能信息处理实验室，建设了模式识别与智能系统实验室、物流智能控制研究开发实验室、深圳杰士安电子科技有限公司、广西测试开发中心、智能信息处理大学生科技实践与创新工作室、智能信息处理实验室。

近年来，高校承办、协办多次全国性或国际性学术会议，注重与国内外院校的合作与交流，参与或承办广西高校计算机学院院长联席会等多次学术会议；每年均派学术骨干参加各种国际、全国性会议。派出骨干青年教师到企业学习交流，参与重大项目开发合作。积极寻求与知名大学合作的渠道，与四川大学、武汉大学数据挖掘团队，苏州大学医学影像处理与分析团队等国内多所高校学术团队建立了良好合作关系，为软件工程专业研究生和本科人才的培养提供良好的学术氛围和学习条件。

根据地方经济社会发展、行业产业发展的现实需求，高校基于“政产学研用”相结合的原则，努力将教学、科研与政府、企业对接，服务社会，取得了一系列重要成果。例如，广西高校与广西工信委、广西软件行业协会、多个科技园建立了战略合作伙伴关系；与深圳杰士安公司、广西精宇软件公司、广西凭祥万通国际物流有限公司、广西宏智科技有限公司、南宁超智信息科技公司、广西慧云公司、广西桂华物流公司和南宁塔塔技术有限公司等企业合作，承担各类项目申报，项目研究成果已经在多个企业进行应用示范，产生了较好的经济和社会效益；为自治区教育厅、国土资源厅、林业厅等各级政府管理机构开发多套管理系统软件。

总的来说，高校计算机学科历经多年的建设与发展，逐步具备了较为成熟的软实力和硬实力，主要表现为稳健的教研、科研团队为教学保驾护航。教育科研团队不断推进科技创新，注重以科研促教学，既能突出理论与实践一体化教学，又能注重专业学习与知识应用一体化教学，最终达到专业技能与综合素质双丰收的教学目标，培养出“厚基础、重应用”的优质人才，建成了具有勃勃生机的课程教学模式。

成熟的校企合作基地为孵化多样性人才提供平台。实施以与课程相关的实验主题为敲门砖，以案例教师示范操作为讲授主旋律，以实践基地项目为学生创新实践平台的课程教学模式。推行“就业需求＋专业要求”的课程学习新目标，让学生学了就能会用，构建了行之有效的实践教学模式。

多种学业成果展示舞台为激发学生潜能加注强心剂。以技能培养为导向，确立培养“精方向、强能力”的高级专门人才为根本目标，利用学术交流学科竞赛，行业任职认证、多种科技创新项目，教师的科研项目组装起舞台，给学生提供丰富多彩的展示和交流平台，让学生能“走出去”，学习更全面的社会技能和专业技术，搭建了学生喜闻乐见的兴趣培养模式。

（二）建设思路和内容

围绕培养"1＋X"导向信息技术专业创新应用型人才，高校的学科建设工作目标是以"政产学研用"为切入点，立足已有的基础与优势，建成区内外有重要影响、具有原始创新能力、结构合理、成果丰硕、高水平的计算机优秀教学科研团队；构建高层次、实用型、国际化的信息技术专业人才培养基地、软件研发基地和高等教育改革的示范基地；建立"政产学研用"紧密结合的协同创新模式和发展机制；形成以地区软件城、科技园等软件产业园为依托，联合科技创新企业，加快科技成果转化及产业化的服务当地特色经济的新模式。

（1）通过引进与培养相结合的方式，打造一支年龄、职称、学历结构合理，具有团结协作和奉献精神，学术品行端正，创新能力强的学术队伍。培养和造就一批学术思想活跃、学术造诣较深、在国内乃至国际上有一定影响的学术带头人和学术骨干队伍。

（2）加大资金投入，争取学校、政府部门对重点学科建设经费的资助；广泛寻求社会支持，加强横向交流与国际合作，扩大筹资渠道，构建高水平的科研平台和研发基地。

（3）加强学术研究和成果转化。积极争取国家和省级重大科研项目、高新技术项目，开展高水平科学研究和高新技术研究，多出具有重要价值的论文、著作和成果，力争在重大的理论或技术问题上有新的重要突破，推动高校科技成果的产业化进程。

（4）完善科研项目配套制度和科研成果奖励制度，采取倾斜政策，大力支持建设成效显著的研究方向。

（5）加强学术交流。采取主办和参加国际会议、邀请国内外专家讲学和出国进修等多种方式开展学术交流活动。

（6）以服务地方特色优势产业为目标，逐步构建"政产学研用"协同创新模式和发展机制；形成以当地软件城、科技园等软件产业园为依托、联合区内外著名软件科技创新企业，加快科技成果转化及产业化的服务特色经济的新模式。

（7）加强我国服务产业的意识，为信息化和产业结构调整提供软件服务。加强与相关行业、产业的联系，为当地的工业、农业、服务业等产业信息化服务，加大横向项目研究力度，促进学科的良性发展。

（8）将"政产学研用"协同创新研发、成果转化基地打造成培养本科生、硕士生的创新创业和实习实训基地，构建软件工程学科高等教育改革的示范基地。

（9）建立和完善学科建设管理制度。完善人才引进制度、学科队伍建设（人才补充、培养、评价、激励的机制和制度）、实验室建设、经费管理制度建设。同时注重对人才的目标考核、绩效考核和过程考核。使学科建设走向制度化、规范化、科学化轨道。

二、实验室建设

（一）建设思路、目标

作为传授知识的传统场所，实验室在学习型经济的催化下，有了新的历史责任：既是全面掌握现有信息和知识的场所，也是一种新知识的创造平台。

这一责任对于以“1 + X”为导向的应用创新型人才培养尤为重要。在这个培养目标驱动下，实验室建设的指导思路为：

围绕培养应用型创新创业人才为中心，力求使学生具有以下三大特征。

第一，知识结构多元化。学生不仅具备扎实的基础理论知识和学科专业技术知识，还应具备较完整、系统、宽广的学科专业知识体系。

第二，综合素质高。学生不仅要有良好的专业素养，还要有一定的非专业素养，诸如责任心、心理素质、意志品质、协作能力等。

第三，综合能力强。学生既具有很强的实践动手能力和操作能力，也具有一定的拓展创新能力。

建设目标：根据以上指导思想，实验室要成为这样的“开山斧”，为培养侧重于对理论和知识的掌握及运用，能熟练地将知识转化为应用成果的“桥梁型”人才提供孵化所；为新型、高效的教学方法提供实践平台；为学生将构建的知识进行技术创新和创新开发提供演练校场。要打磨好这把“开山斧”，实验室从两个方面开展建设，第一是建设成强化学生的计算思维、提高知识内化能力的基础教学型实验室；第二是建设成磨炼实践能力和创新能力，以科研项目、应用开发为主导的实践实训平台。将教学、科研和人才培养有机结合，突出资源的有效配置和充分利用，推进实验课程系统化、模块化个性化、综合化。

（二）教学型实验室建设的总体规划

目前高校有软件设计与开发实验室、计算机网络实验室、网络安全实验室、综合布线实验室等。

专业实验室建设的要求：实验室的设备及其性能符合学生培养目标的要求，实验室的设备做到配备完善、性能先进、标准符合国家各项规范，在专业人才培养中能发挥较好的作用。同时，扩大实验室规模，引进新技术设备，使实验室的实验设备能满足实验教学的要求，实验的技术含量能满足当今时代的要求。

在总体建设目标下，详细制定每年度专业实验室的建设规划。在现有的基础上，优先考虑实验开出率，确保资金到位、项目建设到位。确保实验室的经费投入和建设质量，保证专业实验室的建设满足专业教学要求。

对现有实验室与实验设备进行科学整合，提高专业课实验的开出率，逐渐加大综合性和创新性实验的比例。加强专业实验室指导老师的综合素质培养，包括业务培训、岗位责任学习以及实验室仪器、设备的日常维护与管理工作的学习。

主要实验室建设情况如下：

1. 软件设计与开发实验室

软件设计与开发实验室的建设要体现教学理念和实验教学观念的先进性，具有与理论教学既有机结合又相对独立的实验教学体系，实验仪器设备先进实用、满足教学需要，具有网络化的实验教学和实验室管理信息平台，广泛使用计算机辅助实验教学软件和多媒体课件进行实验教学，在推广运用虚拟、仿真实验技术手段的同时，推进虚拟、仿真实验与实际实验的结合，创造学生自主实验、个性化学习的实验环境。有大面积的实验用房，实验用高性能计算机，网络服务器和网络交换机，及相关的计算机软件及配套用桌椅、电力线和网线等。软件设计与开发实验室主要以增强学生的实践能力、创新能力和综合素质为目标，以实验教学改革为核心，以高素质实验教学队伍和先进完备的实验条件为保障，创新管理机制，实现实验教学资源开放共享，全面提高实验教学质量，完成高级语言程序设计、数据结构数据库原理及应用、操作系统、多媒体信息处理等多门专业课和基础课的所有教学实验。

为配合核心课程教学改革，如高级语言程序设计、数据结构、数据库原理与应用等课程，高校应引进了程序设计软件实训平台，让学生能够在课后获得更多的训练机会，同时教师也可以以电子档案袋和形成性评价的方式对学生作出公正客观的评价。平台的引入不仅便利了教师的教，也使学生的学更加灵活化、移动化。

利用类似实验平台实验室，针对信息技术专业课程开出一系列各个课程分层次、多模块、知识相互衔接的课程项目实验，同时还开出一系列多课程、多主题、个性化、知识融汇的应用开发型项目实验，为信息技术专业课程基础知识和理论的教与学提供非常实用的虚拟环境。

另外，该实验室还承担了软件技术专业移动开发课程。移动互联网的发展催生了大量新型人才需求，导致移动应用策划、开发、测试、设计相关的人才缺口越来越大。终端作为移动互联网最直接的部分，按操作系统分，当下主要有 IOS、Android、Windows 系统，根据市场分析对 IOS 系统的人才需求量相对较大。因此，建设以 IOS 为主的移动互联程序实训室就显得十分迫切。

建设以 IOS 为主的移动互联程序实训室，一方面从项目开发所需软硬件环境需求入手，满足开发及教学的软硬件要求；另一方面从 IOS 人才培养的教学角度出发，通过以项目为主导的方式进行 IOS 专业人才的培养。

2. 综合布线实验室

综合布线实验室承担教学大纲计算机、软件类专业学生计算机网络综合布线方面的实验教学任务，使教师能够进行网络综合布线方面的实训，提高学生的实践经验和动手能力，毕业前熟练掌握网络综合布线基本操作方法和经验，为计算机和软件行业培养一批有知识、懂专业技术、熟练掌握网络综合布线操作技术的专业人才提供硬件保障，满足快速发展的网络和通信行业的需求。该实验室注重凸显以下特点。

（1）开放性。整个实验室采用开放式的体系结构，符合多种国际上现行的标准，所有接插件全部采用模块标准部件，可方便地扩充和重新配置。

（2）实用性。在实验室能够完成工作区子系统、配线子系统、干线子系统、管理子系统和设备间子系统的实验内容；可以使用非屏蔽超五类双绞线、非屏蔽六类双绞线和光纤等各种传输媒体；可以完成非屏蔽双绞线基于快速以太网和千兆以太网的现场测试内容。

（3）灵活性。整个实验室采用模块化的方式进行设计，可以根据实验内容对各模块进行灵活的调整。同时所有模块均可拆卸和重新安装，方便实验室的搬迁。

（4）经济性。除了缆线、PVC 线槽、PVC 管、RJ 接头等必要的耗材外，其余均可重复使用。综合布线实验室主要分为展示区、实验区和宣传区三大部分。

①展示区。展示区为已制作安装完毕的一个基于标准的综合布线系统，包括工作区子系统、配线子系统、干线子系统、管理子系统和设备间子系统。

展示区的作用是示范，让学生能够清楚地观察到这五个子系统的组成结构、布线路由和布线方法。

②实验区。实验区由六个小实验分区和一个独立的设备间组成，可以完成分组实验；所有实验分区的线缆，最终接入该子系统；提供学生动手进行实验操作的场所和提供实验所需要的各种器材。

③宣传区。宣传区放置综合布线系统资料彩喷海报；放置综合布线系统立体模型；放置综合布线系统相关配件和器材。

3. 计算机网络实验室

对于计算机网络课程来说，实验课的重要性并不亚于理论课。学生毕业后有可能会从事通信系统、通信网络、通信设备等的设计、研发与维护，这都需要过硬的理论与实际动手能力，所以实验室配置的状况对培养学生的综合能力将起决定性的作用。因此，要不断增强学生对知识的综合运用能力，对已学知识的全面运用，加强学生对计算机网络的深刻理解。对计算机网络实验室的建设规划采取自顶向下的设计方法，分为以下步骤：

（1）可采用先基础、后专业、再综合的原则。在实验室的仪器仪表的购置上应考虑学生用大众化仪器仪表，同时配置部分高档仪表，这样一方面可提高实验室的档次，另一方面可为科研提供较好的仪器仪表。

（2）在具体基础性实验室的筹建上，首先确定其能够满足全体学生做实验，力争做到一人一机，提高实验效果。

（3）在专业性实验室或是综合性实验室建设方面，保障新技术实验室的建设，在设备的购置上可保证两人一机。专业实验室对设备的选型更为讲究，一般选择技术先进、具有一定技术力量支撑的供货商，同时可优先参考国内一流院校新实验室的设备选型情况。

三、实例简介

下面以广西高校重点实验室“科学计算与智能信息处理实验室”为例进行简单的介绍。

（一）实验室简介

科学计算与智能信息处理实验室于2007年被批准为广西高校重点实验室。实验室主要研究智能信息处理和科学计算的基础理论和方法，并基于这些新理论和新方法搭建智能信息处理技术研究与应用的平台。通过实验室的建设及有效运行，提高了广西智能信息处理技术及应用研究的理论水平，培育了新的经济增长点，加快了广西智能信息技术人才的培养，推动了相关产业的发展。实验室的主要研究方向，包括智能计算与知识发现、智能控制及其应用、代数学及其在信息编码中的应用等。

实验室建设主要体现在四个方面：

（1）通过对智能信息处理技术和科学计算的研究与应用，解决其在发展过程中存在的关键技术和难点，获取原始性创新成果和自主知识产权。

（2）将智能信息处理技术及应用的研究成果用于优势行业，如智能交通系统、智能多媒体中心系统、智能移动多媒体信息终端系统以及智慧旅游等领域，培育新的经济增长点，加快优势行业的进步。

（3）将所具有的创新性思想与方法及所取得的成果向其他领域进行辐射。

（4）以实验室为窗口，与国内外开展合作交流与研究，提高广西在智能信息处理技术方面的研究水平。

（二）实验室近年来的研究方向

1. 复杂数据建模理论与方法

复杂数据的建模理论和方法是大数据分析与利用的基础。复杂数据所具有的高维、海量、复杂、异构等特征加剧了知识表示的困难性和推理的复杂性，尤其在生物信息、气象系统和生态系统的复杂数据的复杂性表现极为突出，具体研究内容如下：

一是探索复杂系统的复杂数据建模理论和方法，着重研究复杂数据空间的结构特征、粒化认知机理和数据建模策略等问题。

二是深入探索复杂数据的信息化对建模结果的影响，以发展适用于不同建模目标的复杂数据信息化方法。

三是研究复杂随机动力系统的建模及其定性理论，发展概率统计建模与统计推断的理论和方法。

2. 高性能计算与系统优化

围绕复杂系统提出高性能计算和优化一直是科学计算领域的研究热点和难点。当前高性能科学计算面临的主要问题之一是如何发展高效高精度算法，以充分发挥高性能计算机在复杂系统优化中的巨大能力，并满足大规模计算实际问题的模拟精度和置信度要求。主要研究内容如下：

一是研究复杂数据处理的快速方法，着重研究实际问题所涉及的积分微分方程的复杂边界问题的快速数值算法，构造高精度高能效的数值计算格式。

二是研究高维数据的低维非线性逼近方法，着重研究高维线性问题的低维非线性逼近模式，发展超高维数据降维的新方法。

三是研究复杂系统理论与应用，特别是非线性时滞系统解的基本理论、稳定性分析以及智能控制技术在复杂系统中的应用。

3. 生物信息计算

基因组、蛋白质组、代谢组、转录组等数据呈现出“大数据”日益涌现的特点，给传统的生物数据建模和智能处理方法带来了新的挑战和机遇。具体研究内容包括：

一是生物分子网络的建模理论。

二是生物分子网络的计算理论。

三是生物分子网络时空动力学分析。

四是生物数据多粒度知识挖掘。

结合广西地区主要存在的鼻咽癌、糖尿病等重大疾病，与相关医院合作开展生物分子网络的实例验证研究：试图以从网上得到的“干的”生物数据，从广西地区相关医院得到的“湿的”生物数据，从生物分子网络的角度来开展生物数据中所蕴含的知识、规律等的挖掘和比较研究，以揭示广西地区鼻咽癌、糖尿病等主要疑难重大疾病的疾病机理、疾病通路和药物靶点等，为治疗这些疾病的药物开发提供重要理论依据和指导。

4. 数据挖掘与智能决策

立足于数据挖掘与决策支持系统的基础与应用研究主要包括：

一是将数学方法理论、先进的基因表达式编程理论和技术引入空间数据多源异构数据挖掘的研究。

二是研究大数据处理技术，重点研究从海量数据中获取知识所必需的理论和技术。

三是大数据挖掘分析工具和开发环境。针对气象、生态系统等复杂随机动力系统，研究其演化规律，以及它们相互影响的内在规律，促进广西资源高效利用与生态文明建设。

（三）成果转化与服务地方经济

科学计算与智能信息处理实验室加大与政府、企业合作的力度，服务经济社会发展，取得了一系列重要成果。

（1）与广西凭祥万通国际物流有限公司、广西慧云公司、广西桂华物流公司等公司合作，承担广西千亿元产业重大项目、广西科技开发计划、南宁市青秀区科技开发计划项目研究，针对国内物流企业和电子商务在物联网背景下的发展需要，以及现代物流关键共性技术研发的迫切需求，研究基于面向服务架构的信息集成解决方案和基于 RFID、GPS、GS、云计算技术及 GEP 技术的电子商务与智能物流集成平台；建立电子商务与智能物流在南宁市大型商贸企业中的应用示范，全面提升电子商务与物流服务水平。项目研究成果已经在多个企业进行应用示范，产生了较好的经济和社会效益。

（2）与广西精宇软件公司合作进行了多项信息安全类项目研究，包括国家中小企业创新基金、广西科技开发计划重大项目等，取得了显著的经济和社会效益。

（3）与广西宏智科技有限公司紧密合作，针对制糖行业中对于工艺能耗数据大部分都依赖人工的统计、分析，不能保证数据的实时采集和实时传输的问题，共同研发了一套糖厂工艺能耗智能信息系统代替原有的工作方式，使企业的生产向工业化、信息化发展。

（4）为各级政府管理机构开发管理系统软件，主要包括：自治区教育科学规划课题管理系统软件；自治区国土资源厅矿产与土地规划动态监测系统开发；自治区教育厅人事管理软件开发；广西林业有害生物信息网站及协同办公网络建设项目开发等。

（5）与深圳杰士安公司合作，在我校挂牌“深圳杰士安电子科技有限公司广西测试开发中心”并开展了相关合作研究，重点进行了杰士安安防产品二次开发，增加其产品智能化功能，提高产品市场竞争力，取得了显著的效果。经过八年多的建设，实验室培养了一支学历、职称和年龄结构合理的高素质研究团队，初步建成了一个具有较强研究能力和开发能力并直接为广西培养人才、为经济建设服务的研发基地，创造出一批高水平的科研与学术成果，形成了在同类院校中较强、在区内外有影响的科学计算与智能信息处理的研究领域，更为搭建学生参与科研、加入创新开发的平台提供了坚实的后盾。

应用创新型人才的培养与实验室建设是相互关联的，上述实验室建设着重考虑学生的“项目”实验，“项目”实验可以是前面所提到的多门课程的综合实验项目，也可是学校立项的大学生科技训练项目，还可以是学生参加重点实验室的科研子项目，以及鼓励学生完成不定期自主提出的实验项目。

这些项目一旦列入开设实验列表中，就有明确的项目开展计划周期、详细的实验方案，同时在项目实施过程中坚持学生是主体，是项目的执行者和开发者，教师不仅是实验的指导者，更是参与者。实验室基本满足了向所有有“项目”的学生按项目计划开放的教学需求。这些实验无论是哪个级别的立项课题，还是没有立项成功的项目，也不论从专业或教师的角度看这个实验是否合理、能否成功、有无意义，只要学生根据自己学习所掌握的知识提出实验目的，设计出实验方案，只要不存在安全等方面的隐患，实验室就向这些学生开放。强调学生完成一个实验过程必须自行查阅文献、设计实验方案选择实验仪器、确定实验方法、安装调试实验仪器、观察分析实验现象、排除实验故障、处理实验数据，进而得出实验结论。这个过程是一个真正建立在兴趣基础上，学生自我探究、自主学习的过程，对于开阔学生视野，培养学生的科学思维能力、分析与解决问题的能力、创新能力有着不可替代的作用，帮助学生更好地构建包括创新意识、创新思维能力、创新实践能力、反思与评价能力四个部分的创新能力结构，促进更多的学生完成从应用型信息技术人才向应用创新型信息技术人才过渡。

四、实习实训基地建设

（一）实习实训基地建设存在的问题

实践教学是作为高等院校计算机专业教学的重要组成部分，是培养高质量人才必不可少的环节。当前，建立实习实训基地是计算机专业教学的一个发展趋势，不少学校在实践当中，取得了较好的教学效果。然而，在实施过程中，也确实普遍存在一些问题，主要表现在以下三个方面。

（1）学校对基地建设缺乏长远规划。很多学校的计算机专业教学虽然有实践教学的计划，但没有一个基地建设的长远规划，实习实训基本上处于一个松散的过程，达不到应有的效果。

（2）企业和高校对基地建设目标不同。企业希望来基地实习的学生在实习过程中，能够为企业做一些实实在在的贡献。而高校希望学生在实习过程中，主要是进一步加深对专业知识的理解，能够将理论知识转化成具体的解决实际问题的能力。由于出发点不同，导致实习实训达不到应有的效果。

（3）学校和企业对基地建设积极性不高且投入不足。有些学校办学经费不足，不愿把经费投到基地建设上，使基地处于可有可无的状态。对于企业来说，接待学生实习，需要支付学生在实习期间的一些费用，有些企业由于各种原因不愿意投入这笔经费。

（二）基地建设的原则、内容

为充分发挥基地在实践教学与人才培养中的作用，实习实训基地建设要遵从一定的原则、沿着正确的途径进行。主要有以下几点。

1. 基地建设原则

（1）质量优先原则。实力强大的企业通常拥有先进的设备、技术精湛的员工，企业研发项目多，员工具有项目开发与管理的经验，学生在实训过程中遇到的问题能够得到及时的解决，实训在一个相对稳定的企业进行，可以保证实训内容的顺利开展。

（2）产学研相结合。基地建设需要学校与企业进行密切合作，发挥各自优势，达到一个双赢的局面。

（3）示范性原则。在建设实习实训基地时，要强调其在培养学生工程意识工程实践能力、创新能力等方面应具有典型性和示范性作用，并以此为导向激励和推动基地建设形成良性循环，不断有序、高质量向前发展。

（4）开放性原则。在条件允许的情况下，学生可以根据自己的情况，随时到基地进行学习和实践。

2. 基地建设内容

（1）基地建设要有长远规划。制定一个基地建设的长远规划，以适应未来不断变化的实践教学与企业业务提升的需要。基地规划要由校企双方联合制定，规划一旦制定，就要严格遵照执行，以便日后对实习实训工作进行总结与评价，进一步调整实践教学内容、改进教学方法，使学生的实习实训能够在制度保障的前提下高质量完成。

（2）实习实训内容设置。应用型本科计算机专业教学计划的课程体系结构一般包括通识课程、专业理论课程和实践课程三个部分。通过这些课程的学习与实践，培养和构建学生的计算机思维能力，算法设计与分析能力，程序设计与软件开发能力，计算机系统的认知、分析、设计与分析能力。实习实训为教学理论联系实践搭建了一座桥梁，实习实训内容可以分为面向毕业设计和面向课程阶段学习的两部分内容。实习实训以面向任务或案例、项目的方式进行，要覆盖课程所涉及的知识点，内容可以由专业教师和企业相关人员共同确定。

（3）师资培训。做好专业课程教师队伍的建设与管理，是搞好课堂教学和实践教学的必需。师资培训能够建立校企双方良好的合作关系。通过培训，使老师能够走出校门进入企业，参与企业的项目开发运作管理活动，将在企业学到的相关技术和管理经验带回课堂，为更有效地指导学生实习实践做必要的知识及能力储备。

（三）基地建设思路

基地建设对大多数院校来说，是选用一个现有的实训场所进行建设的，并不需要从零开始建设一个基地，基地建设思路主要围绕以下几个方面。

（1）必须明确校方与基地方的责权利，一开始就要把实习实训工作纳入正确的轨道。对于基地方来说，应该能够给实训的学生提供良好的实习环境和优质的实训资源；而实训的学生必须遵守基地的规章制度，围绕基地相关业务在技术人员的指导下进行实训。

（2）要和基地方协商，根据基地当时的业务，对毕业班学生到基地实训进行规划。要明确实训目的和实训内容，使学生通过实训，掌握项目开发的基本流程、软件开发的主流技术，以及信息技术公司运作与管理的流程和制度，为毕业生就业打下一个良好的基础。

（3）协调聘请基地高级技术人员参与指导学生的课内外学习，提高学生的创新能力和实践能力，也可以聘请基地高级技术人员参与指导毕业生的毕业论文写作。

（4）建立并加强教师与基地间的联系，在合作申报省级或国家级的科研项目、进行软件平台的开发方面，互相协作，促进双方科研能力与水平的提高。平时多开展软件开发的交流活动，基地企业可以派一些技术骨干到学校来开讲座，与学生开展交流活动。为加强与基地的联系，学校要指定专人负责示范性实习实训基地的建立、管理与联系工作。双方领导每年应该定期进行几次见面研讨，商定每年双方合作与开展工作的各项事宜，为实习实训基地开展工作打好基础。每年除了送毕业班学生到实习实训基地实训以外，学校平时还应组织学生到基地参观学习，选送一些基础较好的学生到基地接受培训。每年要开设多场讲座，进行交流活动，以促进学生对实习实训基地的了解。

第二节 学生科技活动平台建设

中华人民共和国教育部在《关于深化教育领域综合改革的意见》中指出，高校办学要努力探索创新人才培养途径，切实加强实践教学和创新创业教育，落实人才成长立交桥支撑措施。高校在新常态中，要深化教育改革，加强大学生创新创业平台建设，不断提高人才培养质量。

在这样的背景下，坚持正确的育人方向，以校内品牌学生科技活动平台为依托，培养应用创新型人才是高校探索的育人途径。大学生科技活动是指高校为提升大学生的科学素质，树立大学生的科学精神，培养大学生的科学道德，提高大学生的创新能力与实践能力而开展的科学技术活动。其主要形式有科普宣传、科技竞赛、科技服务、社会调查、科技参观、科技交流、科学研究、科技开发与应用、科研学术论坛、科技作品展示等。品牌学生科技活动是长期以来形成的在众多活动中成熟的、优质的、个性的科技活动，是识别标志、精神象征、价值理念、品质优异的核心体现。培育和创造品牌的过程也是不断创新的过程。

一、学术报告信息交流平台的建设

信息技术行业是一个飞速发展的行业，由于知识更新速度很快，信息技术人才需要有广博的本行业以及交叉学科知识来适应越来越快的知识更新速度，从而获得更强的创新能力。对于信息技术应用创新型人才来说，应用创新的基础是人的全面和谐发展，应该具备以下素质：博、专结合的充分的知识准备；以创新能力为特征的高度发达的智力和能力；以创新精神和创新意识为中心的自由发展的个性等。为此，学校的品牌科技活动既注重为大学生夯实宽厚的基础理论，也注重大量丰富学生的实践经验，还鼓励学生健康人格的个性发展，以内容丰富、形式多样的科技活动尤其是品牌活动，为应用创新型人才的培养搭建良好的平台。

培养应用创新型人才，首先应该培养其科学素质，也就是要崇尚科学，弘扬科学精神，传播科学思想，运用科学方法。英国科学家、哲学家和思想家培根在《论学问》中说道：“读史使人明智，读诗使人灵秀，数学使人精细，物理使人深沉，伦理使人庄重，逻辑修辞使人善辩。凡有所学，皆可培养人的科学素质。”

例如，广西师范学院“知行大讲堂”发挥品牌优势，每年邀请国内外知名专家学者、行业人士和校内教师面向学生开展一百场以上的学术报告会。其中包括：“新世纪学术论坛”系列活动、“教授、博士报告会”“现代科技教育论坛”系列学术报告活动、“面向21世纪的广西科技可持续发展和各学科前沿问题研究”系列活动、“科技进步与创新”学术论坛、“十月科普大行动”系列活动，等等。百场学术报告不仅有对自然科学的学术探讨，也有人文科学的滋养熏陶。对于培养应用创新型人才而言，人文学科对于培养创造力也有显著作用。人文学科有助于开阔视野，形成思维的整体性；有助于养成批判意识，超越传统规范；有助于培养宽泛广博、触类旁通、交融互补的综合思维；特别是有助于培养人的想象力。人文基础学科是信息技术人才学习中不可或缺的长线学科，是喷涌创新成果的源泉。学科交叉对于信息技术人才激发应用灵感、培养创新性思维也很有帮助。

二、科技文化生活平台的建设

学校为培养面向未来的应用创新型人才，一方面通过校团委、教务处、科研处等有关部门，精心组织课外学术作品立项结项工作，引导科技活动向精品化、项目化方向发展；另一方面也鼓励各二级学院、各学生社团开展经常性的学生科技活动，为学生提供随时可练的科技活动机会，营造乐学好学的科研学术氛围。学校的学生科技活动丰富多彩，有科普知识讲座等科普宣传活动，有学术报告等科研论坛活动，有机器人大赛等科技竞赛，有“三下乡”社会实践科技服务活动，有参观科技馆等科技调查与交流活动，有“挑战杯”等科技立项与研究活动，有“图像处理与数据挖掘”等计算机技术开发与应用研究，还有每年的科技作品展示活动。

校团委牵头组织大学生参加“挑战杯”即全国大学生课外学术科技作品竞赛等活动，从立项到结题“宣传动员—选题辅导—系院评审—作品初审—作品立项—项目中期考核—项目结题—总结表彰”是该活动的必经环节，这是培养应用创新型人才的好途径。作品中的每个课题都来自实践，都是为了解决实际问题，广大学生尤其是高年级学生参加“挑战杯”式的品牌科研活动，在申报前的调查思考、学术讲座辅导，申报中的项目论证书撰写、反复修改答辩，立项后的开展研究、通过结题验收诸多实践环节中，系统地提高了他们的应用创新能力。有些项目甚至可以与企业合作，建立科研创新平台，申请社会科研基金资助，让学生得到更充分的实战锻炼与经验积累。

各级学院和社团的科技活动也有声有色、品牌纷立。例如，计算机与信息工程学院建立了现代信息技术工作室，开展“科技助学、彩虹支教”等品牌科技活动。地理科学与规划学院开展时空数据可视化竞赛、遥感图像处理分析竞赛、GIS 空间分析与 GIS 系统开发竞赛等品牌科技活动。物理与电子过程学院建立了机器人俱乐部、电子科技协会等社团组织，每年开展“六一趣味科学活动”等品牌科技活动。国土资源与测绘学院开展“测绘之光”大学生测绘实践技能竞赛。物流管理与工程学院开展 ERP 沙盘模拟经营大赛、物流规划大赛等品牌科技活动。数学与统计科学学院建立教学、竞赛、研究三位一体机制，并整合多个二级学院的资源，在数学建模大赛中屡获佳绩。

三、科技文化节特色平台的建设

应用创新型人才培养是高等教育适应社会发展的一个必然的、理性的选择。大学生科技文化活动是提高大学生综合素质的平台，也是培养创新型人才的有效载体。例如，广西师范学院计算机与信息工程学院（以下简称“计信学院”）作为培养人才的专业单位，不但旗帜鲜明地提出大力培养应用创新型人才，而且通过多年的努力逐步把应用创新型人才培养具体化为一种新的教育行动方式。结合自身实际，计信学院不断探索和努力构建具有自身特点的大学生科技创新品牌活动体系。

从制度上，建立专门领导小组，完善组织管理机构，建立运行评估机制，健全激励保障体系。学院成立以教学部门为主、学工部门为辅的领导小组，负责对全院学生科技创新活动进行策划、组织和协调，其中包括制定制度措施、进行基地建设、负责资金筹措及科学使用等。夯实根基，这是开展科技创新品牌活动的根本。从人力上，建立一支以指导教师为核心，以学生为主体的科技活动团队。既要调动教师指导的积极性，也要激发学生参与的主动性。教学相长，这是开展科技创新品牌活动的关键。从硬件上，创造条件，优化资源，建立基地，校企合作。场地和设备是大学生进行科技创新活动的物质载体，这是开展科技创新品牌活动的必需。从策略上，以各类各层级的专业科技竞赛为抓手，激发青年大学生的使命感与强烈的参与意识，以科技创新活动内在的吸引力引发学生兴趣，将科技应用创新能力的培养转化为学生内在的自觉需求，从而带动大学生科技创新活动体系有序建设。

第三节　学科竞赛、大学生创新创业项目活动平台建设

多年来高校的扩招与培养，使我国的高等教育已逐渐从精英教育转变为大众教育。作为一直热门的专业，计算机科学与技术专业的招生人数更是在各大专业中名列前茅。另外，根据全国高等学校学生信息咨询与就业指导中心最新的统计数据，近十年来，计算机科学与技术专业的毕业生人数，每年均超过 10 万人。然而，这些计算机专业毕业生的就业压力却在逐年上升，甚至被调侃为“毕业即失业”。这并不是因为市场饱和，也不是因为高校培养的计算机人才太多或质量太差，而是人才的培养针对性不强，造成结构不合理，培养的计算机人才不适应社会需要。

随着我国信息技术行业的迅猛发展，社会竞争越来越激烈，用人单位对人才聘用要求也越来越高，更暴露出高校培养的毕业生普遍存在着动手能力差、专业面窄、基础不牢固、学习能力不高又欠缺解决实际问题的经验、竞争力不足等诸多问题。软件人才缺口大和结构性失衡问题日益突出，呈现出高校信息技术专业学生就业困难与企业招聘不到可用人才的两难窘境。社会需要的是创新型、实用型、复合型人才，而目前大多数高校采用的人才培养模式虽各不相同，但大都来源于“研究型”的人才培养模式。虽然对这些培养模式进行了一定的改进，但仍然没有改变重理论、轻实践的弊端，学生专业水平和实践技能没有明显的提高，教学质量没有达到预期的效果。

一、学科竞赛平台的建设

（一）学科竞赛的意义

“学以致用”是知识传播和人才培养永恒不变的目标。学科竞赛是锻炼人智力的超出课本范围的一种特殊的考试。它既要求有扎实的理论知识作为基础，又要能灵活而熟练地应用，能充分培养逻辑思维能力，同时也能锻炼意志品质。计算机专业的学科竞赛大致可分为几类。

（1）程序设计类，如国际大学生程序设计竞赛（ACM）、“蓝桥杯”全国软件专业人才设计与创业大赛。

（2）软件项目开发类，如中国软件杯、挑战杯、“蓝桥杯”团队创业大赛。

（3）应用技术类，如广西计算机应用大赛、计算机仿真大赛……

（4）电子类，如大学生电子设计竞赛、“蓝桥杯”电子大赛……

学科竞赛是在课堂教学基础上，以竞赛的方法加深和巩固学生所学的专业知识，进一步拓宽知识面，激发学生理论联系实际和独立发现问题、解决问题，培养学生的专业素养和创新能力。通过参加学科竞赛，可以培养一批学习能力强、学习潜力大、学习效果明显的学生骨干，由他们带动其他同学进入努力钻研、孜孜求学的良性状态。

（二）高校学科竞赛现状

近年来，高校组织学生参加的主要学科竞赛包括：“蓝桥杯”全国软件专业人才设计与创业大赛（以下简称“‘蓝桥杯’大赛”）、全国大学生网络技术大赛、计算机应用大赛等。参加一系列学科竞赛高校已经常态化，逐步形成了一套实践模式。

1. 制定校级选拔赛竞赛方案、选拔参赛选手

针对不同的竞赛项目，制定出校级选拔赛竞赛方案，在正式报名参加竞赛之前，先组织学生进行校内选拔赛，通过摸底筛选出成绩优异、有潜力的学生备战竞赛。

2. 选派指导教师

在相关学院的青年教师中，选定业务水平高、能力强、有责任心的教师作为竞赛指导老师。

3. 参赛选手集中培训和训练

根据竞赛内容与形式，由指导老师给参赛选手上培训课，对于程序设计类的软件大赛，培训课分模块进行，并在教师的指导和学生讨论的模式下进行集中式上机训练。

4. 指导教师带队参加比赛

指派教师带队参加省赛和全国赛。

5. 召开总结会，奖励获奖选手

赛后进行总结和表彰。分析不足，探讨竞赛培训方案的改进，并对参赛师生给予一定的物质奖励。

（三）基于学科竞赛的教学改革

1. 将竞赛题目融入教学内容

软件大赛的题目多是实用型的，是对一些实际应用问题的求解，有些题目甚至是著名信息技术企业针对当前项目开发中的实例进行命题，非常注重解题逻辑上的分析和组织，因此，我们可以在课堂教学中引入软件大赛的部分题型，运用问题求解模式，将课程内容归纳描述成一个个应用问题，引导带动学生思考、讨论解决问题的方法，分析该方法的实现原理，并逐步推导总结出解决此类问题的一般思路。这种模式类似任务驱动教学方式，是许多实践操作性课程经常采用的教学方法，学生在强烈的问题动机的驱动下，通过对学习资源的积极主动应用，进行自主探索和互动协作的学习，可以获得很好的教学效果。另外，软件竞赛中的题目往往具有一定的场景，且场景描述也比较有趣，将这类竞赛题引入课堂，其趣味性也可以激发学生的学习兴趣。

2. 以竞赛形式改进实践教学

以“蓝桥杯”大赛的竞赛为例，“蓝桥杯”大赛的竞赛形式是4小时全封闭的机试，机器通过局域网连接到竞赛服务器，以服务器—浏览器的方式发放试题，提交结果。这种方式有助于锻炼和培养学生的实践动手能力以及刻苦钻研的意志，提高程序设计和调试代码的水平。全程机考也是对心理素质的考验，心理浮躁的学生往往无法集中精力在限定的时间内完成考试。

比赛的最终成绩以选手所提交程序的运行结果作为主要评分依据，这就要求程序要有规范的数据输入和输出。而且，为了使评判专家和阅卷老师能尽快把握程序意图，选手应对函数过程及关键语句作必要的注释。这些都是学生平时不太重视的地方。另外，选手程序的运行结果，通过大赛评判组设定的测试用例来检验，选手在比赛时并没有拿到这些测试用例，因此要求选手对问题的思考要缜密，算法逻辑要完全正确，方能覆盖所有符合标准的输入用例。基于以上分析，我们在实践教学中引入大赛的评分机制，不仅可以强化和训练学生良好的编程习惯，也能培养学生耐心细致、思维严谨的品质，有利于获得更好的实践教学效果。

（四）学科竞赛有助于创新型人才培养

学科竞赛是整合课内外实践教育教学的重要环节，一般以地方生产生活中实际问题为项目对象，强化学生根据实际分析、解决问题的能力。例如，“蓝桥杯”大赛的

题目是由来自 IBM、东软等知名信息技术企业的专家学者根据企业的实际应用进行出题，旨在破解“学生在校所学理论知识严重脱离企业实际”的难题，这些题目都注重考查学生的创新能力和分析问题的能力。

正如倪光南院士所说的：“软件专业的创新能力要靠素质教育来进行培养，向素质教育转型则要通过竞技大赛来实现。”因此，参加这类学科竞赛可以更好地适应新时期软件行业的人才需求，有助于培养学生的创新思维和实践动手能力。

基于学科竞赛的创新能力培养模式以竞赛项目为环境、以竞赛内容为问题对象，要求学生综合运用所学知识，制定合理的技术方案，创造性地解决问题，从而达到培养学生创新能力的目的。其中，技术解决方案是核心。因此，在学科竞赛中，加强技术训练是培养创新能力的关键，也是最有效的手段。

二、大学生创业创新项目平台的建设

大学生创业创新训练计划（以下简称“大创项目”）是近年来促进高等学校转变教育思想观念，改革人才培养模式，强化创新创业能力训练，增强高校学生的创新能力和在创新基础上的创业能力，培养适应创新型国家建设需要的高水平创新人才的一个重要项目。

（一）大创项目对应用创新型人才培训的作用

大创项目对应用创新型人才培养的作用是不容忽视的。主要体现在以下几点。

1. 自主选题，问题意识得到培养

问题意识是创新能力的一个重要组成部分。大创项目的选题要面向社会需求、贴近生活、具有现实意义和一定的商业价值。学生要在生活实践中打开思路，细心观察，捕捉到稍纵即逝的生活难题，才能找到不同于其他人的创新。例如，智能自助快递柜项目，就是针对在现实生活中“投寄快递无人在家，收取快递不方便”这一普遍问题而提出的创业项目，提出后立即受到广泛关注。

2. 独立研究，分析综合能力得到提高

发现问题只是创新的开始，接下来就要分析问题，寻找解题方案。学生需要针对问题，整合自己所学的知识，搜索整理参考资料，认真分析，寻找问题的突破口，考虑哪些知识原理是适用的，通过综合，融会贯通。大创项目采用的是开放形式，可以运用网络、书籍、各种文件资料等多种手段收集信息，这就使参与者的分析综合能力获得提高。

3. 过程管理与实施，培养实践与创新能力

一个大创项目要求有明确的主题和设计目标，提出设计思路，拟定切实可行的解

决方案，采用成熟的技术路线，以可用性、可靠性为测试标准，开发设计出一款实用的软件作品。众所周知，软件作品的研发是一个漫长而复杂的过程，既要统筹规划，又要注重细节分析，烦琐的代码编写与调试，严谨的测试，整个过程从问题提出到最终形成实际的物化成果，都对实践与创新能力的提升有极大促进作用。

4. 团队协作，锻炼组织沟通能力与协作能力

大创项目通常是团队参与，团队由 3 ~ 5 名学生组成。团队设有项目负责人，并根据各成员不同的特长进行分工，合作完成项目。整个项目活动过程中，团队成员间相互协作、取长补短、集思广益、互相促进，这就需要项目负责人具有出色的组织能力，以及成员们的支持配合与协同能力。另外，在团队合作中，成员间的有效沟通也非常重要。项目的研究方案、实施细则、个人创意等都需要充分地讨论和沟通交流，群策群力，相互启发，获得创新线索。随着合作项目的实施，成员的沟通和协作能力必能得到很好的锻炼与提升。

（二）高校大学生创业创新项目现状及管理模式

计算机与信息工程学院一直以来都非常重视大学生创业创新项目，每年都有一批业务能力和科研能力强的教师指导学生申报大创项目。

为了鼓励教师和学生积极申报大创项目，高校制定了一系列的措施，规定获学院推荐的创新项目立项或选出的优秀毕业论文、优秀设计者，必须完成一篇相关的学生科技论文或一个相关的软件著作权，学院对获得的成果给予相应的奖励。

1. 对产生成果和获得成绩的工作给予奖励

（1）对老师发表相关教改论文以及指导学生发表相关论文的，给予报销版面费，且给予每篇教改论文一定的奖励。

（2）对老师指导学生以广西师范学院为权人或以师生为共权人申报软件著作权的，给予报销申请相关费用，且给以每项软件著作权奖励。

（3）对老师编写相关教材和教改专著的，学院协助解决部分出版费用，并给予额外的现金奖励。

（4）申报校级、自治区级和国家级精品课程、视频公开课的，申报一门课程即可获得奖励；若获校级、自治区级、国家级立项，再分别嘉奖一定数额的奖金。

2. 成果管理

高校对项目研究成果的管理实行预登记、协助出版、成果审核登记、奖励的模式。学院安排专人对项目成果进行统一管理。

（1）预登记：成果完成人将要完成的成果名称、类型、摘要发到学院指定的管理人员信箱，必要时管理员安排小型研讨会对成果进行研讨，集思广益，为出高质量的成果打下基础。

（2）协助出版：管理人员负责向学院领导汇报，协助成果的最终出版发表。

（3）成果登记：成果出版发表后，管理人员进行完整的成果登记，确认成果。

（4）奖励：成果奖励的前提是，项目成果必须是可以用于计算机与信息工程学院申报“信息技术类‘产学研用’一体化应用创新型人才培养相关的教学成果奖”的教研成果。成果登记完成后，按前述奖励办法施行奖励。

（三）高校对大学生创业创新项目的指导

1. 项目甄别与筛选

大创项目虽然主要由学生自主选题，以充分发挥学生的能动性与想象力，但学生的社会历练和生活经验毕竟不足，某些想法可能偏幼稚，思考不成熟，因此需要指导老师把关。导师可以结合自身的科研、工作和学习交流的经验，以及历年对大创项目的指导心得，对学生的项目选题进行适当的调整。

2. 创业设计大赛

为鼓励学生参与创业创新项目，高校采用竞赛机制来刺激学生的竞争意识，以激发学生的斗志。主要措施有两种。

（1）参加“挑战杯”“软件杯”“‘蓝桥杯’团队创业赛”等以软件创业项目为竞赛内容的大赛。通过与其他学校、其他团队的软件作品的对比，找到自身的差距，总结经验，弥补不足。

（2）在高校每年举办的“科技活动月”中，增设软件创业创新项目设计赛活动，组织相关专家教授、骨干教师团队对项目进行评审，评选出优秀作品并给予一定的奖励。

3. 创业课程的设计

2015年，国务院办公厅发布了《关于深化高等学校创新创业教育改革的实施意见》，要求各高校要设置合理的创新创业学分，建立创新创业学分积累与转换制度，探索将学生开展创新实验、发表论文、获得专利和自主创业等情况折算为学分，将学生参与课题研究、项目实验等活动认定为课堂学习。为有意愿、有潜质的学生制订创新创业能力培养计划，建立创新创业档案和成绩单，客观记录并量化评价学生开展创新创业活动情况。优先支持参与创新创业的学生转入相关专业学习。

高校依据上述精神，在软件工程专业（尤其是卓越软件班）设置了创业创新学分，并拟开设相应的创业项目指导课程。

4. 与企业结合的创业实践

创业项目首先要面向社会、面向市场，通过与在市场前沿的企业进行合作，可以极大地推进大学生创业创新活动的顺利展开。合作的主要措施有以下几种。

（1）聘请企业导师，由企业的优秀技术人员出任大创项目的导师或顾问。

（2）将企业的研发项目（或子项目）引入大创项目。

（3）不定期地让大创项目指导老师和学生到合作企业中实习（见习）。

第四节　学生科技实践与创新工作室建设

我国的高等教育已从精英化高等教育阶段逐步迈入了大众化高等教育阶段，这一变化过程是经济和社会发展的必然趋势。然而在大众化高等教育时代并不意味着要放弃精英教育。发展部分精英教育，培养拔尖人才是国家经济和社会发展必不可少的一环。"钱学森之问"更是掀起了大众化教育时代开展拔尖人才培养的热潮。创新是知识经济时代精神的集中体现，是提高国家经济实力和综合国力的根基。创新型人才是知识经济时代最宝贵的财富，培养具有自主创新能力的大学毕业生是 21 世纪高校人才培养的核心内容，是建设创新型国家的重要环节。《国家中长期教育改革和发展规划纲要（2010—2020 年）》中，有八处提到"拔尖人才"，并明确指出："牢固确立人才培养在高校工作中的中心地位，着力培养信念执着、品德优良、知识丰富、本领过硬的高素质专门人才和拔尖创新人才。"党的十八大也明确提出要"实施创新驱动发展战略，加快建设创新型国家，培养拔尖创新人才"。

为适应新形势下的经济和社会发展潮流，作为我国目前高教机构的主要部分，本科院校应以培养具有较强创新能力和实践能力的高层次人才为主要目标，不断探索拔尖人才培养的路径和模式，培养更多具有实践和创新能力的拔尖人才。下面以广西师范学院智能信息处理大学生科技实践与创新基地为例，探索地方普通高校信息技术类本科专业拔尖创新型人才培养的实现途径和模式。

一、学生科技实践与创新工作室建设的目的——培养信息技术人才

（一）信息技术应用型人才的概念与内涵

信息技术人才应具有创新型人才共同的创新意识、创新精神、心理特征之外，更为重要的是要具有在现场解决问题的创新实践能力，即要有较强的学习能力和动手实践能力，善于运用所学知识发现问题、分析问题、解决问题。由于社会经济的不断变化，使得现在的人才观、质量观和拔尖人才的类别都充满各种不同认识，我们认为信息技术应用型人才应属于高层次的应用创新型人才，除拥有应用创新型人才的特征外，

至少还必须具有较扎实的专业理论基础、宽广的专业视野和良好的专业素质，具有成为现代文明的传播者和引领者的知识、能力和素质。

总而言之，信息技术应用型人才应该具有良好的人文与科学教育基础、有效的思维能力，具备本专业扎实的系统的理论知识，有较强的学习能力适应能力、工程能力和研究能力，有综合应用所学理论知识发现、提出和解决实际问题的能力，有良好的技术创新、集成创新和管理创新的能力，有较强的专业素养、批判精神、创新意识，有勇于挑战与克服困难的精神，有良好的品格修养和团队精神，有较强的交流与协调能力。

（二）地方普通院校信息技术应用型人才培养的主要问题

我国部分教育部直属的重点高校对精英教育的意识较早，一些重点名牌大学在精英教育的探索与实践上早已先行，一般采用校中院模式，成立精英学院，或实验班的模式开展精英教育，其中比较典型的有北大、清华、中科大和浙大等。近几年来，一些普通高校凭借自身优势，举全校之力开展了以培养拔尖创新人才为目的的精英教育。这类学校往往集中优质资源，如一流的师资队伍、精心选拔的优秀学生和相应的运行机制和保障体系。但地方普通高校在资源、办学目标和人才培养模式等方面有别于重点名牌大学，因此，在信息技术应用型人才培养上面临一些困难，主要有如下几方面。

1. 办学资源不足与质量不高

（1）地方普通高校的整体生源质量远没有重点名牌大学的好，学生知识基础、学习能力等都与重点名牌大学的学生存在不小差距，有潜力的优质苗子较少。因此，精英的苗子遴选、培养模式、培养目标、教学内容和教学方法都无法直接借鉴重点名牌大学的做法。

（2）地方普通高校的整体师资水平远没有重点名牌大学的高，老师的专业知识水平、科研水平和专业视野等都与重点名牌大学的老师存在不小差距。尤其是经济社会发展落后的中西部地区的普通高校，因在地理位置、薪资和待遇、工作条件和发展空间等方面对专业人才缺乏足够的吸引力，师资整体业务水平不高，生师比高等问题较突出，学校不易选派出能胜任培养拔尖人才工作的优秀师资为有潜力的优质苗子开“小灶”进行精英培养。

（3）因各级政府投入的教育经费不足，地方普通高校的办学经费较有限。经调查发现，许多普通高校想开办信息技术应用型人才培养实验班，但由于缺乏经费只好作罢。特别是很多高校的绩效工资制度对增设小班培养信息技术应用型人才的经费支持多有不利之处。例如，某高校前两年曾开设有卓越软件工程师实验班，而且人才培养成效也不错，但因所在高校实行绩效工资制度后，小班培养导致教学院系的办学成本增加，致使教工们的福利待遇明显降低，而不得不停办卓越软件工程师实验班。

（4）信息技术应用型人才的培养需要一个良好环境，而地方普通高校的整体学习和科研环境与氛围相比重点名牌大学存在不小差距。高校培养信息技术应用型人才，不仅仅需要为学生提供良好的科研环境，还需要一种创先争优、勇于探索和创新的和谐的校园环境。

2. 对培养信息技术应用型人才的认识不足和重视不够

（1）我国高校的教育观念和认识，在微观上主要是学校决策层和管理层（主要包括由学校主管领导、教务部门、学生工作部门和院系相关领导）的教育理念决定的。很多地方普通高校因历史等因素影响，习惯了进行大众化高等教育办学和管理，虽然有部分领导和老师对信息技术应用型人才的培养有良好认识并且重视这块工作，努力探索和实践地方普通高校的信息技术应用型人才培养，但没能在整个决策层和管理层真正统一认识，达到一致重视，更没能做到全校上下各级领导和一线教师都统一思想，目标和步调一致，形成合力，开展拔尖人才培养工作。

（2）对于普通高校来说，本科教学是最重要的，特别是在学生的创新能力培养上，教师的引导与指导工作非常重要。教师不仅要精心准备课程，而且还要耗费大量时间和精力进行学生的综合实践能力和创新能力培养。但当前所有中国大学都在向“世界一流”或“国内一流”狂奔，拼命把自己往上拔，而在评比和排名时大部分的考核指标都直接与“科研水平”呈正相关，导致当前我国高校普遍偏重科研而轻本科教学，甚至形成“唯科研论英雄”的扭曲的大学发展观和高校教师发展观。因此，很多高校和高校教师把本应该用于本科教学和优秀本科人才培养的资源和时间、精力偏移到科研工作上，甚至大量挪用了本该用在本科生身上的资源。结果必定是得不偿失，研究生没教好，本科生也没教好，信息技术应用型人才没培养出来。

因此，信息技术应用型人才培养的执行过程、人才培养质量都难以达到预期效果。创新型国家的标志是自主创新能力强。而自主创新能力强，关键在于信息技术应用型人才。国家已经站在这样的高度进行了顶层设计，还需要各高校的决策层、管理层和执行层都站在这样的高度，进一步增强危机意识，进一步提高对信息技术应用型人才培养的紧迫性和必要性的认识。

3. 难有好的信息技术应用型人才培养模式

多数普通高校普遍存在以下问题：缺乏对应用型本科各专业拔尖人才的定义、应用型本科各专业信息技术应用型人才的评价标准、与评价标准相适应的理论教学环节和实践教学环节，以及缺乏相应的教学质量监控体系和创新能力的考核评价体系。因此，未能形成良好的地方普通高校信息技术应用型人才培养模式。

4. 硬标准化教育模式严重

长期以来，我国大多数高校在本科人才培养的过程中，过于重视标准化，纷纷仿效名牌大学，导致跟风化和趋同化的现象严重，在教学和人才培养中忽视学校和学生的实际情况和个性化特点。教育主管部门和社会对人才的价值评判的标准往往过于单一和死板，使得普通高校的人才培养模式大同小异，丝毫没有根据人才的个性特点进行设计和评判。个性的自由独立发展是创新型人才成长与发展的前提，作为工具的人、模式化的人和被套以种种条条框框的人不可能成为创新型人才。

从我国的历史发展进程中可以看出，我国学生的学习形式单一，学校以应试教育为主，人才的选拔以分数论英雄，使现在的学生学习只是为了考试，甚至只是为了考试的分数。考试的内容则是前辈说的做的，答案走的是标准化的流程。在目前以分数论英雄、成王败寇的教育模式下，成绩好的都被认为是优秀学生，成绩差的就被一些老师归类为无能无才之辈而被忽略和无视。当分数成为评判一切的标准，德育教育和创新教育常常被挤占、冷落、空洞化和形式化，因材施教、个性自由发展，甚至独立思考与分析能力、实践与创新能力等拔尖创新型人才的基本能力与素养的教育等方面则被淡化和忽略。

二、科技实践与创新工作室建设的基本概念

为了实现培养大量信息技术应用型人才这一目标，满足经济和社会发展对优秀应用创新型人才的需求，高校从 2011 年开始，集中优势资源，依托科学计算与智能信息处理实验室，创建大学生科技实践与创新工作室，倡导并实践本科生的科技实践与创新教育，营造一个可激发师生创新思想、呵护创新实践的校园文化环境，培养学生的创新能力、实践能力，提高本科生的人文素养、专业能力、职业素养和科学素质，探索适合地方普通高校的信息技术应用型人才培养的方法和途径。

（一）大学生科技实践与创新工作室定位与目标

1. 定位

大学生科技实践与创新工作室的组织性质为半社团式的学术型组织，是由学院与重点实验室共管、责任教授负责组织、专业骨干教师指导、教师与学生共同组织管理的大学生科技实践与创新团体，是以科学知识与理论为基础，以能力（不仅是专业能力，而是综合能力）培养为中心，以科技实践与创新活动为抓手的拔尖应用型软件人才的培养基地。

2. 建设目标

努力建设成基于项目驱动，梯队式、螺旋式的培养和发展，培养一批批理论与实

践并进、知识与能力齐飞、综合能力与素质都较高的拔尖软件人才；力求以点带线，由线促面，全面提高高校信息技术类专业学生的专业能力、创新能力及综合能力与素质，为社会培养出大量促进区域经济社会发展的应用型信息技术人才的基地。

（二）大学生科技实践与创新工作室的总体思路和主要策略

1. 总体思路

大学生科技实践与创新工作室的建设与发展围绕“一个目标，两个方面，三条主线，四位一体”“项目驱动，梯队式和螺旋式发展”“循序渐进，逐层推进”的思路进行，力求推进本科生的科技实践与创新活动的常态化和规范化，培养一批批应用型信息技术人才，在国内形成一定影响。

2.“一个目标，两个方面，三条主线”

“一个目标”即前面所讲的大学生科技实践与创新工作室的建设目标。“两个方面”是兼顾培养信息技术人才的硬实力和软实力等密不可分的两方面能力。其中，硬实力主要指专业的理论知识水平和专业能力（包含分析和解决专业问题的能力、专业应用与工程实践能力、科学创新能力等）；软实力则主要指主动获取知识的能力、交流与组织协调能力、团队协作能力、承压和适应能力等专业素养和能力。“三条主线”是指大学生科技实践与创新工作室培养信息技术人才的三条相辅相成的主要实施线路，包括参加学科竞赛、参加软件系统开发模拟与实践、参加科技创新项目。

3.“四位一体”的活动构建

为了培养“厚基础、强能力、能创新、高素质”信息技术应用型人才，创新工作室要求所有成员在创新工作室内的活动是其课外活动的主导、校园文化活动和社会实践的辅助，相互配合、相辅相成。创新工作室的“四位一体”的活动构建内涵包括以下方面。

（1）培训和项目的设计根据“四位一体”的思路进行。以创新工作室作为纽带，充分利用和协调学校和企业在应用创新型人才培养过程中的优势，根据“理论与实践相结合、课内与课外相结合、共性与个性相结合、学校与企业相结合”的思路设计创新工作室的活动。在创新工作室的培训和项目训练的时间、内容和进度的设计上，充分考虑学生已在课堂所学习过的课程内容和进度，并考虑后期将学课程及其教学大纲，结合学生拟主攻的小方向，分小组、分层次地设计和开展培训和项目训练，让学生在创新工作室的学习内容不炒课堂上的“冷饭”，而是深化和拓宽课堂教学的内容，将相关的学科前沿技术和行业工程应用渗透其中。

（2）能力素质培养“四位一体”全程化。信息技术应用型人才，其能力素质不仅应包括知识、专业能力和创新能力等智力因素，还应包括自我形象、价值观、自我观、态度、情感、意志、表达、交际、组织和协调等非智力因素，仅仅是通过课堂和创新工作室的指导、培训和实践是不够的，还必须将课堂教学、创新工作室活动、校园文化活动和社会实践活动融为一体。因此，创新工作室的培训和实践与创新活动的设计和开展不仅要与课堂教学进行有效互动，将学生所学的专业理论、专业实践和创新思维共同内化为专业能力素质，而且通过引导和安排学生成员组织和参加内部集体文体活动、校园学术沙龙、校园软件开发爱好者训练营、校园科技文化节、校园相关学科竞赛、专业相关的校园文化活动等校园文化活动，适当鼓励精力充沛且乐于服务的同学竞选各级学生干部，以及鼓励学生参加信息技术企业和行业的调研与交流，让学生在活动中得到锻炼，获得文化环境同化，拓展与专业相关的能力素质。

4. 以项目驱动的学习和训练

创新工作室在拔尖人才培养过程中，坚持实施项目驱动式教学，即以虚拟软件项目、真实软件系统工程项目、学科竞赛项目和科技创新创业项目作为学生学习和提高专业理论知识、技能及创新能力的载体，驱动以教师引导、学生主动进行学以致用、边学边用式的教学。入门项目训练要求学生独自完成，而真实软件系统工程项目、科技创新项目和部分团队类学科竞赛项目，要求必须由几个同学组成项目团队小组合作完成，小组负责人须是创新工作室有项目经验且责任感强的高年级同学，其他小组成员可以根据项目开展的需要选拔。选拔对象主要来自创新工作室内部的同学，但也可以是非工作室的同学，甚至是其他专业的同学。在项目过程中，不但培养和锻炼学生的硬实力，同时指导教师有意识地通过创新工作室集体活动、日常交流、项目指导、项目点评和汇展、专题讲座等环节，将素质教育和软实力培养贯穿于全方位、全过程、全员育人之中，加强优良品德塑造，加强人文精神、科学精神、科学方法和态度的培养，让学生硬实力和软实力全面发展。

5. 梯队式团队建设

为了使创新工作室这个优秀的拔尖人才培养基地可持续地良性发展，创新工作室采取“以师导老，以老带新，新老共进”的梯队式团队建设与发展模式。主要措施有：

（1）老成员分方向、分项目在专业知识深厚、专业视野宽广、经验丰富的指导老师的指导下开展学习、项目研发和创新研究工作。

（2）新成员进入创新工作室，先经过两个月的见习期和基础训练期后，根据自己的兴趣选择一个主攻方向，然后在专业能力较强和研发经验丰富的高年级同学带领下，进行模拟项目训练和准备学科竞赛。

（3）新成员经过入门学习和训练后，以项目为单元参加团队小组。小组成员的构成打破年级和专业限制，包含老成员和新成员。在项目中，老成员既为小组负责人统一组织和带领项目进行，也当“专家”负责小组成员的具体理论和技术指导及经验传承。若实践和指导过程中遇到细节问题和难题则反过来促使老成员进一步学习和提高。指导教师在项目过程中主要负责引导宏观指导、协调，以及项目过程督导与结果的检查和评审。

（4）定期组织多层次的专题讲座和培训、专家座谈、小组研讨、技术沙龙等交流活动，并从中渗透素质教育。专题讲座和培训分为指导教师主讲、企业优秀工程师主讲和高年级专业知识和能力较强的同学主讲等多种层次。专家座谈一般邀请企业优秀工程师参加，以让学生对行业和个人发展有更深入的了解和认识。小组研讨、技术沙龙通常由高年级同学自行组织和实施。

（5）创新工作室通过多渠道筹集经费，每学期不定期组织所有成员的集体业余活动，包括文体活动和休闲娱乐活动等，以增进成员间的情谊、提高团队的凝聚力和向心力、集体主义精神和主人翁精神。通过以上举措，工作室成员在指导教师、老成员的具体指导下，可逐渐地感悟到学习的快乐和科技实践与创新的魅力，逐步掌握专业知识和技能促进理论知识、实践和创新相衔接。指导教师在业务、生活和个人情感等方面均“传道、授业、解惑”，师傅倾囊相授、徒弟踏踏实实、勤奋好学，每个成员都产生宾至如归的感觉。这种团队建设和发展模式既能充分发挥传帮带作用，全方位提升团队成员的专业知识和能力、职业素养，也对团队可持续发展、成员个人发展大有裨益，使创新工作室形成“以师导老、以老带新、新老协同发展”的梯队式良性发展格局，促进可持续性地培养一批批拔尖人才。

6. 课内外结合、螺旋式发展

创新工作室的课内外结合、螺旋式发展主要包含两个方面的内容

（1）学习方法和过程的螺旋式向上，即学生从理论学习到实践训练，实践训练再驱动进一步的理论学习，专业理论水平和专业能力不断提高。学生既在专业班级上参加正常的传统学习，也在创新工作室参加学习和训练。学生在理论课堂上学习基础理论，在实验和实训课进行专业基础实践训练，然后再在课堂上进一步学习更多更深一点的基础理论，接着继续实验和实训，并逐渐参加课程设计和综合实训。就这样从低年级到高年级不断地进行循环递进式学习。在科技实践与创新工作室内部的学习过程也是如此，通过课堂学习基础理论，在指导老师和高年级同学的指导下，进行模拟项目和竞赛训练，在模拟项目和竞赛训练中遇到问题时再返回教材和参考资料，复习和拓展学习专业理论知识，然后再回到项目实践，由浅入深、依次循环递进式学习和提高。

总之，整个学习过程由若干个循环依次上升所形成的螺旋组成，其中学生在创新工作室的学习和训练与其在专业班级上的传统学习紧密配合，构成了该学生双螺旋式上升的学习过程。

（2）整个团队的科技实践与创新活动以研究方向为中心轴的螺旋式向上发展。通常，每个科技实践与创新工作室的精英培养原则和指导老师团队建设决定了其应有自己的擅长领域和主攻方向，规模过大或主攻方向太多都不利于工作室的活动开展和长期发展。如高校智能信息处理大学生科技实践与创新工作室就是以智能信息处理为中心轴（目前在此基础上分智能图像与视频处理、智能计算与大数据分析与挖掘、智能分布式软件与信息系统三个子方向），整个创新工作室的所有模拟项目、商业项目和科研项目的实践训练均围绕着智能信息处理这根轴设计，在实践与理论学习之间盘旋交替进行，使理论知识不断深化，专业能力和素质不断提高，专业视野不断开拓。

这种由浅入深、螺旋式上升的学习过程，由于学习内容和项目任务多是基于学生现有知识和能力基础，适当扩展知识量和难度，学生能够自然引入新知识，可以从一个比较容易解决的已熟悉的内容进入新知识点的学习、实践和创新应用过程中，并成功解决问题，所以学生兴趣高、主动参与意识强，绝大部分同学能够跟上计划的进度和达到预期效果。同时，通过不断地探索并完成不断加大、越来越靠近实际生活和技术前沿的各个项目和任务，可从中获得信心甚至超越自我，使学生能够不断地体验到胜利的喜悦，从而产生学习的成就感，进而转化为学习的动力和源泉。于是，学生也更喜欢挑战自我，不断提出新的学习目标与未来愿景，不断攀越高峰，进入更高层次的螺旋。

7. 个体培养循序渐进，群体培养逐层推进

创新工作室通过多方式、多角度和多层次进行学生的能力培养，遵循循序渐进的原则。通常，新选拔进到创新工作室的同学先参加一些基本入门培训；然后在指导老师和创新工作室老成员的指导下，参加一些难度不是特别大的程序设计比赛，进行一些模拟软件项目的开发训练，以巩固其算法与编程基础，熟悉软件系统开发全过程，积累一些基本的编程和开发经验；然后，逐步在指导老师的指导下，参加校企合作项目或创新工作室自主设计的产品开发，参加创新工作室高年级同学主持的大学生创新创业项目，参加数学建模大赛和 ACM 程序设计大赛等级别和难度更高的学科竞赛，进一步提高软件研发能力、算法设计能力和工程能力；经过前面阶段的学习与训练后，就可以参加教师的科研项目和自己主持申报大学生创新创业项目，跟随导师畅游学科领域研究和技术前沿，培养和锻炼科学素养和科技创新能力。

在基于创新工作室的拔尖人才培养过程中，通过学习氛围、项目合作、项目成绩成果、成员的就业竞争力、后续专业发展水平等，影响、感染、激励周边的同学，增强其学习自信、激发其成才的渴望和奋斗的劲头，促进其努力学习、积极参加科技实践与创新活动。学院在此基础上，适当开展科技实践与创新活动的宣传和引导工作，创新工作室的示范和引领作用就自然地辐射到更大的范围，在学院和学校内形成一个良好的学习氛围和创新活动环境，推动更大层面的应用创新型人才培养工作，获得较好的应用创新型人才培养成效，为社会培养出大量促进区域经济社会发展的优秀的应用创新型人才。

（三）大学生科技实践与创新工作室的管理体系

1. 创新工作室成员选拔

为选拔出更合适创新工作室培养模式的优质苗子，将其培养成拔尖软件人才，创新工作室在新成员选拔方面制定了几点选拔考核原则，并通过报名、面试和见习考查三个考核环节，最终才确定其为创新工作室正式成员，获得创新工作室培养资格，可以参加工作室的一切活动。具体考核原则包括：

（1）有强烈的学习热情，觉得学习 IT 是一件快乐的事。

（2）有扎实的专业基础和一定的编程能力，或有技术特长，或对某技术有浓厚兴趣。

（3）富有责任心，勇于担当。

（4）爱思考，爱分享，爱挑战。

（5）服从组织管理，不计私利。

（6）对象为大二、大三的理工科学生。

2. 创新工作室管理

创新工作室的管理主要包括组织管理、团队管理和项目任务管理三个方面。在创新工作室组织管理和团队管理方面，我们制定了《创新工作室管理办法》《创新工作室成员守则》《创新工作室团队小组制度》《创新工作室办公室管理办法》《创新工作室安全管理办法与安全问题防范》等一系列管理文件和措施，以加强工作室的规范化管理，完善各项工作制度，促进创新工作室发展壮大，培养更多拔尖人才。在项目任务管理方面主要制定了《创新工作室项目管理办法和具体实施方案》，开发和利用管理系统对各成员的实践和训练项目进行在线实时管理，让成员们在线交流。在具体项目开发过程中与软件企业接轨，利用版本控制系统来记录和管理项目的版本和促进项目成员之间的沟通和合作交流，还可以有效地实现并行开发，不同的开发模块可以同时进行开发，防止重复开发和更改覆盖的现象，利用出错恢复技术等，能够减少研发风险。

三、大学生科技实践与创新工作室建设的意义

大学生科技实践与创新工作室是高等学校依托自身学科专业优势与条件，为加强大学生的创新教育、培养和培训而构建的营造大学生创新学习和科技创新实践环境，

开发创新思维，培养创新能力，建设创新团队，输出和展示创新成果，推动大学生科技创新活动的综合实践平台，为提高学生的综合实践能力和创新创业能力提供了广阔的空间，对在校大学生的创新教育、培养和培训活动的开展具有示范、带动和辐射作用。

（一）有利于地方院校培养拔尖应用型软件人才

创新工作室由比较负责任的高水平的教师担任导师，指导学生学习和科技实践与创新，组织学生研讨交流，使学生得到针对性较强的系统专业科技实践与创新训练，提高专业理论的应用能力和工程能力。另外使学生在本科学习期间就接触学科前沿，能激发他们的创新意识、学术追求和对成才的渴望，同时也能激发高校教师培养创新人才的热情，在学校中产生了广泛影响。

普通院校依托自身学科专业优势与条件，建设并利用创新工作室作为小范围的培养拔尖人才的平台，开发学生的创新思维和潜质，培养其创新能力，建设创新团队，为提高学生的综合实践能力和创新创业能力，培养拔尖应用型人才提供了广阔的空间，对高校大学生的创新教育、培养和培训活动的开展具有示范、带动和辐射作用。

（二）促进产学研一体化发展

创新工作室以项目驱动人才培养，一方面，意味着教师要从原先只承担课程的教学转向既承担课程的教学，也负责或协助指导项目开发与创新活动，还需要与社会密切联系，和企业合作进行项目研发及科学技术研究与创新。因此，教师不但要有较高的专业水平，也要有综合的知识和项目经验，因而促使专业教师不断地学习新专业知识和技术，拓宽自己的知识面和专业视野，并且紧跟学科前沿，加强与企业的联系，不断在学习和实践中提高自己。另一方面，也意味着创新工作室需要有充足的项目作为工作室运作的基本保障，这些项目很多是来自企业的真实项目和工作室自主研发的产品项目。通过对这些真实项目和自主研发产品的分析、设计和实现，能让学生真实地体验工作情境，真正地实现“零距离”就业。这就需要进一步扩大工作室的影响，加强工作室与企业的合作与联系，促进产学研体化发展。

（三）以点带面促进学风建设

我们通过随机走访调查发现，有 80% 的学生认为参加创新工作室活动对学风建设具有较大的促进作用。如在新成员选拔中，不仅计信学院的学生踊跃申请加入，而且也吸引了不少数学与统计学院等其他学院的学生积极申请加盟。由于创新工作室的活动和项目都与当前的社会生活、技术前沿紧密结合，所以，学生在参加创新工作室的活动过程中，既要学习有关书本上的专业知识，又要学习书本以外的其他知识，并通过科技实践与创新活动不断提高自我、超越自我，深受校内好评和企业青睐，因此感染和激励了周边的同学积极向上、主动学习、刻苦学习，从而形成了以创新工作室成员为中心，逐层影响和带动大部分同学的学习主动性、积极性提高的良好氛围，促进良好的班风、学风建设的局面。

（四）丰富校园文化

创新工作室组织的活动在丰富校园文化生活，促进学生全面成长等方面发挥着积极的作用。创新工作室的活动是具有广泛群众基础的课外科技实践与创新活动，活动种类较多、内容丰富多彩、形式灵活且开放性强，丰富了大学校园文化。同时，创新工作室为大学生提供了能发挥创造性和能动性的研究型学习"平台"，在校园营造了"团结、民主、严谨、求实、创新"的科技实践与创新氛围，促进了以科技实践与创新文化为主导的校园文化建设。

（五）促进了教学改革，提高了教育质量

高校的主要任务就是培养能适应社会经济发展需求的高素质专门人才，但过去的许多教学内容、教学方法与手段、考核评价方式等，在不同程度上存在脱离经济社会发展需要和企业实际需求的现象，从而导致当前我国普遍存在的很多大学毕业生找不到工作，而很多用人企业却招不到人的尴尬局面。

只有不断改革人才培养的模式，把大学生的科技实践与创新活动作为人才培养计划的重要组成部分，使学生课外科技活动成为课堂教学的自然延伸和必要补充，才能真正培养出受社会欢迎的专业能力强且综合素质高的专业人才。实践证明，创新工作室活动是提高大学生专业能力、综合素质的重要途径，是普通高校培养拔尖应用型人才的有效途径。

（六）提高学生就业竞争力和专业发展能力

创新工作室为学生自主学习与实践、积极创新与创业搭建起广阔的学习平台。在创新工作室中学习和训练的学生，其人文和科学素养、专业知识水平、独立分析问题和解决问题的能力、工程能力、创新意识和创新思维、组织与协调能力、团队协作精神等都会得到大幅加强和提高。因而也极大地提高了其就业竞争力，还为其获得优秀的专业发展能力添砖加瓦。现在，绝大部分从创新工作室走出的毕业生，已成为领域的骨干力量，大部分成为所在软件企业的中坚力量，也有个别自办企业，开创业绩。

四、学科优势建设卓越工程师实验班的建设

信息技术是当前全球创新最活跃、带动性最强、渗透性最广的领域。软件工程是一个以计算机科学技术、数学、管理科学与工程等诸多学科为基础的新兴交叉学科，

软件产业是信息技术产业的一个重要发展方向，是国家当前战略性新兴产业发展的重点需求，被国家“十二五”发展规划纲要定位为我国国民经济中重要的战略性新兴产业。尽管我国软件产业规模不断扩大，但当前我国软件企业产能和效益不尽如人意，究其主要原因在于当前我国软件人才整体的数量不足和质量不高，合格软件工程人才短缺，卓越的软件工程师极度贫乏。2011 年，“卓越工程师教育培养计划”作为教育部贯彻落实《国家中长期教育改革和发展规划纲要（2010—2020 年）》和《国家中长期人才发展规划纲要（2010—2020 年）》而提出的高等教育重大改革项目，旨在促进高等教育面向社会需求培养人才，全面提高工程教育人才培养质量，为建设创新型国家和实现人才强国战略服务。该培养计划能够引领和促进软件工程教育教学进行改革、软件人才创新培养模式的内涵建设，着力培养信念执着、品德优良、知识丰富、本领过硬的高素质软件工程人才。

为更好地适应国家信息产业，特别是软件产业的发展需要，服务地方经济的快速发展，认真贯彻落实教育部“卓越工程师教育培养计划”有关精神，大力推进我校应用创新型人才培养，2012 年，我校计算机与信息工程学院启动卓越软件工程师培养计划，旨在培养大批应用创新型高素质软件工程人才。

如何结合经济发展和信息产业尤其是软件行业发展及人才需求，并综合考虑计算机专业发展历程和建设现状，如何科学定位卓越软件工程师培养目标，如何在“卓越计划”的实施中探索一套适合自己的人才培养模式，这些问题都值得探究和思考。

（一）指导思想

高校为贯彻落实《教育部关于全面提高高等教育质量的若干意见》等文件精神，推进高等教育综合改革，加快培养适应本地区基础教育改革发展及“国际区域经济合作新高地”建设需要的大批卓越应用型人才，制定了卓越人才教育培养相关工作实施的指导性文件，并给出了明确的学校层面的卓越人才培养的总体指导思想：以科学发展观为指导，遵循高等教育和人才成长规律，从广西区情出发，结合学校办学实际，借鉴有益经验，以提高人才培养水平为核心，改革人才培养模式，创新体制机制，促进学校与行业企业、理论教学与实训实习、创新教育与基本知识及职业教育的有机结合，培养适应我区基础教育发展和区域经济社会发展需要的各类卓越应用型人才，提升学校办学能力、服务水平和竞争力。

计算机与信息工程学院在学校指导思想的基础上，以“面向未来、面向应用、注重素质、突出能力、兼顾创新”为指导思想，以软件行业主体需求为导向，按照“厚基础，重应用，精方向，强能力”的基本原则，以小规模实验班的形式实施卓越软件工程师培养。

（二）卓越软件工程人才培养的核心定位与目标

根据学校和二级学院的卓越人才培养计划指导思想，确定了以实际工程为背景，以工程技术为主线，借鉴先进的工程教育改革方法，参照国家通用标准和行业标准的基本要求，制定学校专业培养标准，设计“知识—能力素质”一体化培养的课程体系，以具备良好的科学文化素质、扎实的专业知识基础、较强的工程实践能力、创新思维能力和在企业与社会环境下的工程综合能力为培养目标，培养卓越的德、智、体全面发展的能在软件行业从事设计、应用、开发和管理等工作的高级专门应用创新型软件工程技术人才。

（三）卓越软件工程人才培养的组织实施

1. 实施“1＋2＋1”三阶段教学模式

考虑到地方普通本科院校的整体生源质量与重点名牌高校存在一定的差距，并非人人具有卓越人才的潜质，需要认真筛选出合适的苗子进行卓越人才培养，才能获得预期成效。另外，计算机大类专业本科生大学一年级开设的课程是相同的通识课，以及少量像计算机导论、高级程序设计等专业入门基础课程。

因此，我们提出了实施“1＋2＋1”的学习模式，也就是第一年在原班学习通识课程和大类专业入门基础课程，然后经选拔考核合格进入卓越实验班，集中进行两年的专业基础和专业技术课程的知识学习和技能训练，最后累计一年的企业学习（包括企业课程学习、企业课程设计、生产实习、毕业设计，以及在岗或随岗实习）。前三年主要在校内学习，第四年主要在软件企业学习。

2. 优化专业课程体系

地方普通院校的传统软件工程专业的课程体系主要是面向普通应用型软件工程人才培养而设计的，并不适合培养卓越软件工程人才。因此，我们重新优化了专业课程体系。

根据如下的主要思路优化课程体系，以构建地方普通院校的卓越人才培养的课程体系。

（1）注重专业知识结构的系统性和知识点布局的全面性，同时处理好通识课程与专业课程的关系。

（2）根据卓越人才培养标准，遵循应用创新型人才集成与创新特征，以强化实践能力、创新能力为核心，重构课程体系和教学内容。

（3）处理好专业必修课与专业选修课的关系，选修课的设置考虑学院学科优势和企业应用需求。

（4）教学内容和行业主体需求有效对接，注重课程体系和教学内容的针对性和实用性，教学过程实现课堂教学与企业实践相结合。

根据以上优化思路，我们重构了卓越软件工程师实验班的课程体系，主要包括计算机软件基础、软件工程专业核心、应用开发与前沿、专业素养与企业文化四个层次的课程群。

计算机软件基础课程群涵盖计算机数学基础、程序设计与算法基础、计算机体系结构基础、系统软件基础、数据库应用基础以及计算机网络与通信基础等方面的基础课程。

软件工程专业核心课程群涵盖软件需求、软件设计、软件测试、软件工程管理、软件工程过程、软件工程工具和方法、软件工程新技术等方面的核心课程。

应用开发与前沿课程群涵盖系统软件类、互联网应用类、移动应用类、嵌入式系统类、前沿理论与技术类等课程，以及依托学院学科优势的相关跨专业类课程，同时结合企业应用需求设置可动态调整的相关选修课程。

企业文化课程群涵盖行业标准、企业管理与文化、商业竞争与知识产权、工程项目管理、组织管理、领导艺术等企业文化类的选修课程。这类课程全部由学校统一开设与监督管理、企业组织开课，同时根据企业工作实际可动态调整相关选修课程。

3. 深化改革教学体系

（1）加强实践环节，构建“八位一体”的实践教学体系

软件工程是工程性、实践性很强的学科，为了确保人才的培养质量，学生必须接受“真刀真枪”的训练。为此，本院除了培养方案推进“1＋2＋1”学习模式之外，还加强了实践环节，加大实践学分，要求实践教学环节不少于44周。并根据实践课程知识零碎、理论性不是很强的特点，在教学上分段安排，对技能训练内容采用集中教学，体现了技能教学内容的工程性、完整性。同时，构建了的课堂实验＋课程设计＋专业实训＋专业见习＋工程实习＋毕业设计＋学科竞赛＋创新创业项目“八位一体”实践教学体系。即除了继续加强各专业课程的配套实验，对应用性较强的课程都增加课程设计实践教学外，还在大三上学期增设专业实训教学环节，旨在指导学生对若干相关专业课程的课堂教学内容和所学知识的延伸、拓展和综合运用，开展小型软件系统开发训练。此外，还指派有经验的指导教师，通过学科竞赛、教师科研项目、创新创业项目、专业实习等教学活动，使实验班学生在自助学习能力、动手能力、创新能力、交流能力、协助能力、社会实践能力等全面得到锻炼，并积极组织学生参与国际交流，到海外高校、科研院所、行业、企业学习和实习，拓展学生的国际视野，提升学生跨文化交流、合作能力和参与国际竞争的能力。

（2）大力改革课程教学方法和考核方式，重视课外教育的作用

高校在组织卓越软件工程师班的教学时，鼓励采用案例教学法、CDIO教学法和

研讨式教学法，大力创造条件实施“5R”实训＋随岗实习（“5R”实训指学生在企业兼职教师指导下，在校内与校外进行的真实的工作环境、真实的项目、真实的项目经理、真实的工作压力和真实的工作机会的工程实习与实训；“随岗实习”指学生与企业员工同岗并由企业员工指导完成的实习），着力推动基于问题的学习、基于项目的学习、基于案例的学习等多种研究性学习方法，加强学生创新能力训练。

在课程考核方式上进行了较大的改革，大力改进以往单纯重理论知识忽视实践能力的考核方式。如对高级程序设计与问题求解的课程考核，舍弃了笔试而直接引入ACM程序设计大赛训练平台，组织课程组的教师创建题库，采用实时上机考试的办法进行考核；对数据结构与算法等三门专业核心基础课程的理论考核与实践考核相结合；对面向对象程序设计等七门应用性较强的课程采用理论考试＋课程设计＋课程设计答辩的形式进行考核；企业生产实践的成绩包括工程实习和毕业设计（论文）的指导教师评阅成绩，由学校和企业组织双方指导教师、企业技术人员根据学生的实际工作效能情况共同拟定，并提交学院教学委员会评审议定。

卓越人才的培养标准不仅需要培养学生优秀的专业知识和专业能力，同时也需要培养学生优秀的综合素质和专业素养。而这些标准仅仅依靠课堂教学的“第一课堂”去实现是不够的，还需要课外教育活动的“第二课堂”来支撑和配合，才能实现对大学生综合素质的培养。课外活动是学生个性发展和综合素质提高的一个最重要的途径，大学生每天拥有充足的课外活动时间才有可能成长为全面发展的人，而超负荷的课堂学习与极为有限而且单调的课外活动这两个互相制约的因素，是大学生们情绪郁闷的重要原因。

因此，高校非常重视开展课外教育活动，主要包括以下几类：思想政治与道德修养；学科竞赛、科学研究、发明创造；创业实践；职业资格与技能考试培训；文化艺术与体育竞技；社会工作与社团组织；社会实践与志愿服务。学校制定了一套课外教育活动学分申请管理办法，允许学生通过用符合学校要求的课外教育活动成果置换学分，学生则可以根据自己的兴趣爱好和能力培养需求开展相应的课外活动，获取学分。高校还专门针对卓越软件工程师实验班的学生设置了一项必修的创新活动学分，要求实验班的所有学生必须通过学科竞赛、科学研究、发明创造获得此必修的学分，以此促使学生从事创新活动，提高学生的综合素质和创新能力，促进学生个性发展，培养具有创新精神和实践能力的应用创新型卓越软件工程人才。高校要求必须符合以下条件的学生方可提出申请，经学院审核认定后可以获得相应的创新学分：一是参加学科竞赛获得省级三等奖或以上的奖项；二是主持或参加完成省级或国家级大学生创新创业项目，并获得了相关论文、专利和软件著作权等具体的物化成果；三是参加教师或合作企业的科研项目，并获得了相关论文、专利和软件著作权等具体的物化成果；四是有发明创造。

（3）加强实习实训基地建设，多方位校企合作培养人才

通过灵活多样的校企合作模式，在人才培养、师资引进、师资进修、项目合作、信息共享等多个方面与企业、科研院所开展深入的、灵活的、共赢的校企合作，创立学校和行业、企业、科研院所联合培养人才的新机制。加大投入，整合资源等方式与企业合作，进行校企合作共同制定人才培养目标、共同建设课程体系和教学内容、共同实施培养过程、共同建立满足人才培养目标的校内外联合的实践教学体系、共同评价培养质量，并建成了一批设施先进、布局合理、资源共享的校内外实习实训基地，共同承担学生工程实践教学和合作单位职工培训任务，同时面向其他专业开放，共享优质实习实训资源。学院可以安排每个学生到企业、科研院所见习和实习、学习先进技术和先进企业文化，深入开展应用型实践活动，参与企业技术创新，培养职业精神和职业道德，累计时间应达到一年或以上。

（4）建设高水平应用型专业师资队伍

高校教育教学质量决定了高校人才培养质量，而教育教学质量的提高，高校教师队伍建设是关键。近年来，学院通过“送出去”与“引进来”相结合的策略逐步建设起一支具有丰富的教学经验、扎实的工程实践能力和一定应用型创新经历的高水平专兼职教师队伍，从根本上解决了应用创新型和工程实践型教学师资匮乏的难题。“送出去”，是学院有计划地选送一批中青年教师到企业、科研院所参加专题技术培训，进行研发岗位随岗学习和顶岗工作，积累应用型实践和工程经验。“引进来”，是学院从软件行业、企业、科研院所聘请具有丰富实践经验的专家或工程师担任兼职教师，承担卓越人才实验班专业课程教学任务，或担任联合导师，承担培养学生、指导毕业设计等任务。为了保证教学质量，学院还制定了如下措施。

①要求承担卓越人才实验班专业核心课程和应用实践性较强的课程教学任务的专职老师，或担任专业导师的专职教师须具备至少三个月的企业或科研院所实践经历或工作经历。

②专家或工程师给学生上课或进行实践指导时，要求专职教师跟班听课或共同进行实践指导，以便同时提高专职教师的应用能力和工程经验。

③学院鼓励任课教师承担科研课题、横向项目和自主研发产品，并将科研成果和教改成果应用到教学中去。

（5）构建“辅导员＋班主任＋助理班主任＋专业导师”教育管理模式

学生的教育与管理工作历来是学校工作的重点，因为其对学生成长起着极其重要的作用，而且其好坏也直接影响着学校其他工作能否顺利开展。但目前多数高校采用

的是传统的专职辅导员或专职辅导员+兼职班主任的管理体制，侧重于管理而弱化引导和教育，难以满足培养卓越专业人才的教育与管理需求。在学生心目中，辅导员和班主任应该既是朋友、兄长，又是老师，既能在专业上指导读书，又能指导择业，还能在困惑时帮助梳理、缓解心理矛盾，调节心理平衡，尤其应该能够以正确的世界观、人生观和价值观帮助他们设计成才之路，为他们指出努力方向，能在理论上高屋建瓴地灌输和有效地说服学生，纠正他们的观念偏差。而现实中的辅导员和班主任们由于陷于事务性工作中，很难抽身研究学生成长的规律性问题，满足学生深层次的需要，同时由于辅导员大部分与学生所学专业不同，很多班主任的专业水平和专业视野有限，又受制于教育学、心理学知识的限制，很难满足学生的心理需要和专业学习及发展需要，从而影响学生自身的发展方向和发展空间。

因此，我校卓越软件工程师实验班实行"辅导员+班主任+助理班主任+专业导师"模式对学生进行教育与管理。该模式集管理、引导和教育于一体，其主要内容包括：

①工作的定位和主要职责。辅导员：学生工作的专职管理者，工作对象是年级或全院学生，贯穿大学四年，从新生入学一直到毕业全程开展工作。全面负责学生的思想政治工作和日常事务工作，具体包括开展学生党建、学风建设，指导学生组织、社团、青年志愿者活动以及勤工助学，开展助学贷款、心理健康教育、培养学生干部等工作，掌握学生各类信息，及时处理突发事件；帮助学生树立正确的世界观、人生观、价值观，承担大学生健康成长的指导者和引路人的光荣责任，是学生的"人生导师"，始终伴随班主任、助理班主任、专业导师一起工作，为大学生的成长成才服务。

班主任：由专业教师兼任，工作时限为四年，从新生入学开始。负有在思想、学习、生活方面指导学生的职责，并协调和监督重要的班级活动，引导和帮助学生制定科学合理的学习计划和学习目标，主要针对班级层面开展工作。

助理班主任：由同专业的高年级素质高的学生党员兼任，工作时限为两年，从新生入学开始，是班主任助理。针对班级学生个体开展工作，负责对学生的学习、生活、思想的指导。

专业导师：由专业水平较高、责任心较强、教学经验丰富且已获得高级专业职称的专业教师兼任，由学生和导师进行双向选择，工作时限为三年，从大学二年级开始。主要对若干名学生的专业学习、科研、考研、毕业论文设计及实施等进行指导和帮助

②密切合作，培养卓越人才。辅导员、班主任、助理班主任、专业导师工作的目的都是一样的，既教书育人，又管理育人、服务育人。但他们的工作年限不同、工作层面不同、工作阶段不同、工作对象不完全相同。在学生成长的过程中，辅导员、班主任、助理班主任、专业导师分别在不同阶段扮演不同角色，他们四位一体相互影响、相互补充、相得益彰，共同完成培养卓越软件人才的任务。其中，辅导员的角色是最

重要的，始终是学生的良师益友，始终陪伴学生的学习和生活，关注学生成长，是联结班主任、助理班主任、导师的一根线，将学生工作的全局性、系统性和整体性紧紧连在一起；班主任是大学生的重要引路人，就学生学习层面、努力目标、心理困惑等方面的问题给予疏导与指导，一方面弥补辅导员面对新生入学的大量问题因身单力薄无法一一解决的不足，另一方面针对班级学风建设、班风建设发挥重要作用；助理班主任是辅导员的眼睛和喉舌，是班主任的助理，可以发挥自身优势解决班主任和辅导员有时解决不好的学生个性问题，同时可借助于自身良好的素质及示范作用，潜移默化地教育和影响学生，为低年级学生树立很好的榜样；专业导师发挥专业优势，从社会需要和学科发展出发，根据学生各自的特长、兴趣、爱好，指导学生向最有利于自身发展的方向前进。助理班主任和专业导师的学生工作以“点”为主，班主任和辅导员的学生工作以“面”为主，“点”与“面”结合，相得益彰，共同完成培养卓越软件人才的任务。

参考文献

[1] 谢金龙，黄权，彭红建 . 工业和信息化“十三五”人才培养规划教材 CC2530 单片机技术与应用 [M]. 北京：人民邮电出版社，2018.

[2] 陈佐瓒，蒋炎华，翁国秀，等 . 普通高等教育“十三五”师范类应用型人才培养实训规划丛书 教育信息技术应用实训教程 [M]. 成都：西南交通大学出版社，2015.

[3] 陈永光 . 信息技术教育课程建设与设计研究 [M]. 北京：新华出版社，2018.

[4] 张尚伟，袁凤，郭文艳 . 信息技术背景下精品资源共享课程建设路径研究 [M]. 哈尔滨：哈尔滨工业大学出版社，2018.

[5] 赵幸亚 . 高职院校实施“1 + X”证书制度改革的探索 [J]. 科技风，2020（15）：258.

[6] 赵静宇，侯云霞，孟雅凤 . 以“1 + X”证书为抓手深化信息技术专业群人才培养模式和课程体系的改革 [J]. 计算机产品与流通，2020（08）：134–135.

[7] 田小鹏 . 加强信息技术教学培养学生创新能力的研究 [J]. 成才之路，2020（13）：54–55.

[8] 张毅 . 刍议 1 + X 证书制度下高职人才培养模式改革 [J]. 高等继续教育学报，2020，33（02）：26–30 + 74.

[9] 刘艳，李擎，李江昀，等 . 电气信息类创新人才培养的探索与实践 [J]. 高等理科教育，2020（02）：111–115.

[10] 陈晓莹 . 软件与信息技术服务业的人才发展现状及对策研究 [J]. 山西农经，2020（07）：148–149.

[11] 罗建国，王宇强 . 教育信息化背景下高校人才培养体系变革 [J]. 教育教学论坛，2020（13）：200–204.

[12] 罗朝能 . 浅谈电子信息科学与技术专业的建设及发展 [J]. 科技资讯，2020，18（06）：113–114.

[13] 杜朝晖 . 把新兴信息技术融入高职教育人才培养全过程 [J]. 中国多媒体与网络教学学报（中旬刊），2020（02）：34–35.

[14] 陈元招，谢莹 . 现代信息技术背景下“二元制”人才培养路径探究 [J]. 岳阳职业技术学院学报，2020，35（01）：9–13.

[15] 廉亚囡 . 基于学分制改革的电子信息技术专业群人才培养体系的研究实践 [J]. 电脑知识与技术，2020，16（02）：135-136.

[16] 刘付刚，郑爽，陈晓洁，等 . 高校电子信息科学与技术专业创新人才培养体系的研究与实践 [J]. 教育教学论坛，2020（01）：208-209.

[17] 娄萍 . 人才培养理念下的信息技术教学 [C]. 中国教育发展战略学会教育教学创新专业委员会 .2019 全国教育教学创新与发展高端论坛会议论文集（卷十二）. 中国教育发展战略学会教育教学创新专业委员会：中国教育发展战略学会教育教学创新专业委员会，2019：383-384.

[18] 龙晓庆 . 电子信息工程技术专业建设及人才培养模式的探讨 [J]. 现代信息科技，2019，3（22）：192-193 + 196.

[19] 朱琳 . 现代信息技术在大学英语教学及教师发展中的应用探讨 [C]. 天津电子出版社有限公司 . 新教育时代教育学术成果汇编 . 天津电子出版社有限公司：天津电子出版社有限公司，2019：240-241.

[20] 邱俊玲 ."1 + X" 制度下高职院校信息技术人才培养模式的改革探索 [J]. 电脑与电信，2019（10）：60-61 + 67.

[21] 张斌 . 应用型高校体育人才培养中信息技术教学的现状及改进策略研究 [J]. 当代体育科技，2019，9（22）：107-109.

[22] 何典，梁英 . 以学生为中心的信息技术新工科人才校企协同培养模式 [J]. 教育现代化，2019，6（56）：4-5.

[23] 梁旭 . 基于增强现实的中学信息技术教学资源的开发 [D]. 宁波：宁波大学，2019.

[24] 樊宁宁 . 高等职业院校信息产业人才能力培养研究 [D]. 天津：天津大学，2018.